INTRODUCTION

As a published author, I am accustomed to occasional criticism. It comes with the territory. But there's one category I particularly enjoy. It sends a mixed message, and goes something like this: "Your last book drove me crazy! It took me months to complete! I hate you—now please make the next one even harder!" Now I feel it is my duty to oblige. So I present you with *Way Beyond Black Belt Sudoku*, which packs more of a punch than its predecessor, *Beyond Black Belt Sudoku*.

If that hasn't frightened you away, but you're new to sudoku and need the basic rules, here's how it works:

> **Fill in the boxes so that the nine rows, the nine columns, and the nine 3×3 sections all contain every digit from 1 to 9.**

Below is a sample puzzle on the left, and its solution on the right.

	7				5	3		
		3	6		9		1	
		8			3	6		4
						8		
8				6				1
		9						
9		4	1			5		
	5		2		8	9		
		6	9				2	

6	7	2	4	1	5	3	8	9
5	4	3	6	8	9	2	1	7
1	9	8	7	2	3	6	5	4
4	1	5	3	9	7	8	6	2
8	3	7	5	6	2	4	9	1
2	6	9	8	4	1	7	3	5
9	2	4	1	3	6	5	7	8
3	5	1	2	7	8	9	4	6
7	8	6	9	5	4	1	2	3

In this book, you will encounter common advanced techniques with curious-sounding names like X-Wing, XY-Wing, XYZ-Wing, Finned X-Wing, Sashimi X-Wing, Swordfish, Jellyfish, Gordonian Rectangle, and Gordonian Polygon. And you might encounter some new techniques in this book that were not in its predecessor: X-Cycle, Grouped X-Cycle, XY-Chain, WXYZ-Wing, Simple Grid Coloring, 3D Medusa, Alternating Inference Chain, and Bi-Value Universal Grave. For more information on many of these techniques, I recommend checking out the book *Puzzlewright Guide to Solving Sudoku* by Peter Gordon and me. Techniques not covered there can be further investigated at http://www.sudokuwiki.org/sudoku.htm.

Despite the menacing sound of all this, I do strive to keep each puzzle fair. You should never have to resort to what I consider inordinately tedious or unrewarding methods. Trial-and-error guessing is never necessary; and forcing-chain and grid-coloring techniques are kept in check so as not to be too long or complex.

The puzzles generally increase in difficulty throughout the book, from "pretty darn hard" to "excruciating." More advanced techniques are gradually added, and the numbers of instances of hard techniques required to solve individual puzzles also increases.

I sincerely hope this book hits the sweet spot for all of you sudoku whizzes who are gluttons for punishment. Good luck!

—Frank Longo

1

	2			4	5	1		
4						3		
	9		3				8	4
			2	1			7	
		4				8		
	7			3	6			
9	4				3		5	
		2						1
		8	1	6			3	

2

4								7
				9	7			1
			3			9		5
				3			2	
	9		5	1	6		8	
	6			4				
5		3			8			
1			9	6				
9								3

3

			1	2	9		7	
		9					5	4
7						1		
9		4			8			
			3		2			
			7			4		2
		8						1
4	7					2		
	6		9	7	1			

4

	3	4		5	6		7	
					9			1
9			3	8			6	
	8	2						5
6						2	8	
	9			2	8			3
3			6					
	2		7	3		6	1	

5

			2					3
			7		1	2		
9				3			5	
4	6	8				7		
	2						1	
		9				3	8	5
	9			2				8
		5	1		7			
6					4			

6

	8	1						
7		4		9			2	
			5		4			
	5				1			
		3		4		1		
			2				7	
			1		8			
	6			3		8		2
						6	5	

7

2	3			6			1	
				3				
		1			7			5
		2			8			6
		4		1		5		
6			5			8		
8			7			9		
				4				
	7			5			6	8

8

3			7				6	4
	9			6				
				1			8	2
		5			7			
	4	2		3		7	5	
			8			2		
1	3			4				
				7			3	
4	8				9			1

9

					9			
	7	3					2	
4			2	1				
2				8	7			9
	4	5				8	3	
9			5	2				7
				9	5			6
	2					7	5	
			1					

10

5						7		
					3		9	
			9		2	8		1
6	7					4		
	3			5			6	
		8					3	9
9		3	1		8			
	6		7					
		7						8

			2					
7		8				6		
	6		5				8	3
	9				6		3	8
5	4		3				9	
4	2				1		7	
		7				9		4
					9			

11

8	9							7
	7		9					
		4		6			2	
	8	2	3		4	1		
4								3
		3	7		9	4	5	
	2			9		6		
					5		4	
3							8	9

12

13

	1		9					
9				2				
		2	1		6	9		
	5	3		4				
7		9				6		8
				8		4	7	
		7	4		3	2		
				5				3
					1		6	

14

			3			7		
	6	3		2	8			4
			1		5			
		8						1
	7	4				8	6	
5						2		
			5		3			
9			6	8		3	2	
		5			9			

15

				7		1		
2				4		3		9
	3				6			
					2		9	8
4		2				7		1
8	6		1					
			6				8	
7		8		2				4
		9		3				

16

	8		4				2	
2				8				
			1		2			7
	4						9	5
9				5				1
1	2						3	
6			8		5			
				1				3
	9				6		8	

17

	4		1			7		6
				5			8	4
	6		8			1		
					8			7
		7		3		2		
3			7					
		8			1		4	
5	9			6				
1		4			7		6	

18

						9	1	
		7		1	9		3	5
					5	8	6	
					3			1
	9	5		6		2	8	
7			2					
	7	8	5					
6	5		7	8		1		
	4	9						

19

	6		5					9
	2	8		4				6
					8		3	
								3
	7	5		8		9	1	
6								
	3		8					
7				2		1	6	
9					7		4	

20

5		1	6		8	7		
		2			3			
	9						3	
					1	2		3
	7						4	
4		3	8					
	6						7	
			2			4		
		8	1		9	3		5

21

		8	2	4			3	
			8					
1	4	9						
	5	6		2				7
9								2
2				9		1	5	
						4	1	8
					3			
	6			1	7	5		

22

8		7	1	4	6			
								5
	1	4		2				
		6	4	1				
	3			9			6	
				6	8	7		
				8		5	4	
6								
			3	5	4	6		2

23

7	4						2	
2		5	7				3	
				6				
	5	7	8			2		
6				4				8
		4			5	3	1	
				5				
	2				9	1		4
	1						6	3

24

			7				6	
	9	6				4		1
					2		3	
7		1		5			9	
				6				
	8			9		6		3
	2		1					
4		3				5	2	
	7				3			

25

9					6			2
			3	5			8	
					8	3	6	1
				8				6
		7	5		3	2		
5				7				
8	5	4	6					
	9			2	4			
2			8					4

26

5					4	6		
7			5					1
	3	1		9		2		
8							4	
	6						3	
	1							6
		9		2		5	1	
2					8			9
		6	4					3

27

2		7			8		1	
		1		7				
	3					7	9	
	1				4			
		2	7	6	1	9		
			3				6	
	5	3					7	
				3		6		
	6		2			3		8

28

2	9			3				
		4			1	2		
6							7	
	8				9		5	
	7		1		5		9	
	2		4				1	
	4							7
		1	8			6		
				4			2	8

29

	4					3		
9		8				7		5
					4			9
		2	7		8	9		
7				4				6
		5	6		2	1		
5			8					
1		6				5		7
		4					2	

30

		8	6					
6					4	2		
	9						7	1
				6	2	8		7
8								5
7		6	1	4				
4	8						9	
		5	9					4
					1	7		

31

5		6		4				2
4			2		9	5		
	8							
	9		7	8		1	3	
	4	8		1	2		9	
							4	
		1	4		7			6
8				3		2		1

32

		1	7					
4		5		9		8		7
8					5	2	9	
						9		
9	1			2			8	6
		7						
	6	9	3					4
7		8		6		5		9
					7	6		

33

	4			1			3	6
	1		6			8		
					7	4		
6								
3		4	2		9	1		5
								7
		3	7					
		2			6		9	
1	6			3			4	

34

		6				8	5	7
				8				9
	9				3			4
			1					5
	8		5	3	4		1	
5					2			
1			7				9	
3				1				
7	4	8				5		

35

		4			9		7	
				7		8	9	
			1			3		
	9						2	
3			5		2			6
	2						1	
		7			8			
	3	6		1				
	1		6			5		

36

	1	5	7					
	8				5	7		
				3			5	
2			5				4	
		4		9		8		
	5				7			6
	7			8				
		8	4				6	
					2	9	1	

37

					7	4		
			3			5	8	6
				8			1	
7	4							
		9	8	1	5	7		
							3	2
	5			7				
3	7	1			2			
		8	9					

38

	1	4		7				
				8			5	
9			6					1
	3		5			7	2	
		7				9		
	4	2			9		6	
2					6			9
	6			9				
				5		8	1	

39

		6		2				7
				6		2		8
1			9					
		4	8				2	
6			4		2			1
	8				6	4		
					5			3
5		2		9				
3				7		6		

40

			5	6		2		
							5	1
6					9			8
	8						3	9
			4	5	7			
4	1						6	
1			2					5
8	5							
		9		1	5			

41

							3	6
8	4		7					
	2	1			9			
	5		9			2		
7				8				9
		4			7		5	
			5			8	1	
					6		9	7
2	1							

42

	1		8			7		
	3		2		6			
					9		4	2
	4					1		9
			6		7			
5		6					7	
4	6		5					
			7		1		2	
		9			8		1	

4
3

	1						7	3
4	5	8		2				
3						5		
		1	5				8	
			1	6	4			
	2				3	6		
		3						6
				3		2	5	8
9	4						3	

4
4

5							8	2
4	8		6		1		3	
				2				
					7	9		
9			3		2			7
		1	4					
				4				
	7		2		9		1	3
8	9							4

45

8		5						
	3			8	5	1		
	1	7	9				3	
				4	8	7		
5				3				6
		2	6	1				
	7				3	5	9	
		9	1	5			7	
						6		1

46

3				9			4	
7				1			6	
4			2			1		3
		8			1			
1	7						8	6
			8			7		
6		9			2			4
	2			5				9
	4			3				2

27

47

8	7							2
		5	9				8	
		1		3				
	9			4			2	
1								9
	8			5			3	
				9		6		
	5				3	2		
4							5	1

48

	6							5
		9	6		5			
4					9		6	
		3		7		4		1
	1						5	
7		8		4		3		
	3		9					2
			7		2	1		
9							8	

49

7			3			4		9
	6							
	8	9			5			
	4			7		3	2	
	9	8		2			4	
			5			6	1	
							9	
4		3			9			5

50

			6					2
4					1			
1		7				5		
	8					6		
	4			8			1	
		5					9	
		9				8		3
			5					9
3					4			

51

					9	2		6
					8			3
1		7	2					
		6		5		3		8
		1		3		7		
8		2		9		1		
					1	5		2
2			4					
4		5	9					

52

				5				
9							2	1
		3	6	1				5
3	5		4					9
		1				4		
2					1		7	8
7				9	8	1		
8	3							7
				7				

5-3

		4				7		2
	3		4		6			
	8					9		
4				2	9	6		
			8		3			
		6	5	4				3
		8					2	
			9		7		8	
5		9				4		

5-4

1			7	3			9	
9		4	1					
		8					5	
	1			7				3
6								7
4				9			1	
	4					1		
					2	4		8
	8			4	9			6

55

1			7					
8	9						5	
			9		5			3
6		2						
	7		3		2		4	
						5		8
2			8		6			
	4						6	9
					1			4

56

		4		5		8		
	7		1		6	4		
8		5						
	2				9			
	6						1	
			7				2	
						2		3
		7	4		3		9	
		8		1		6		

5
7

			1			8		
1	9	4			5			
		3		7				1
	7					4	2	
2								9
	1	8					5	
8				5		9		
			2			5	7	8
		6			3			

5
8

9				2				
	7		8		9			
						3	2	
	6			5		4		
	5			1			8	
		3		7			1	
	2	6						
			7		4		5	
				3				8

59

		9	1			3		
2								
		8			2		4	
				4			8	7
		5				9		
9	7			2				
	1		5			7		
								9
		3			8	5		

60

8			2			3	9	
	3			8			5	
		6	3			8		
4	5		6					
					3		4	7
		2			7	5		
	6			1			2	
	1	5			6			9

61

	3			2	1			
	9				8		1	
6		1					9	
3				5			8	
		8				3		
	4			3				7
	1					7		9
	7		3				5	
			1	8			4	

62

7				9		8		
		2						
					8	7	4	5
					4			
	4	8	1		6	5	3	
			3					
3	1	9	2					
						6		
		7		3				2

6
3

				2	8	4		
				1			9	
8	7	5			9			
7						6		9
	6			7			1	
4		1						2
			1			7	3	5
	1			6				
		7	3	5				

6
4

			3			5		8
8		3				7		
		7		8			2	
					3			2
	5		1		7		8	
6			4					
	4			5		1		
		5				8		6
7		8			1			

65

7			5			9	2	
	6	2		3				
							1	6
4		8			1			
			4		7			
			9			4		2
8	5							
				5		7	3	
	1	9			4			5

66

			3	7	9	6		
							3	
6						2		9
				6		1		4
5				4				8
1		9		3				
9		6						2
	5							
		7	5	9	8			

67

					2	5		8
			1		7		2	9
1								
4			9			8		
		6		3		4		
		1			4			3
								6
3	4		8		9			
5		8	7					

68

		3	1	4			9	
8								
		1			5		7	4
				7			1	
2								8
	4			9				
1	8		4			2		
								5
	6			8	2	3		

69

3		8		6				
			9					1
7			8			4		
				8		6	3	
	5						2	
	9	6		7				
		4			9			2
6					2			
				3		5		6

70

		5	6		7	3		
6				2		5		
2					5			6
		7			3			
	2						4	
			8			1		
4			9					7
		6		5				8
		2	3		8	9		

71

7				3			8	1
		1	9				7	
		9						
4		8			6			
	9			1			3	
			8			6		5
						4		
	4				7	1		
8	6			9				2

72

		2					9	
3			1	6				2
			2					
		5		1		8		
6		7		8		1		4
		9		7		3		
					1			
2				4	7			8
	5					6		

73

3			2	1		8		
		6	9				2	
	2	8					5	
			4				8	
7								3
	9				5			
	3					7	4	
	8				4	2		
		2		3	9			8

74

	6							
5		8	9					
1	7				5		4	
	3	5			9			6
		9				3		
2			7			9	1	
	4		6				9	2
					8	5		7
							8	

75

				9			6	
9		7						
		6	3		2			
	1		2					8
3	7		9		5		2	1
2					3		7	
			4		7	1		
						9		5
	2			5				

76

5	8				2			
3								
	7		1	5				8
1			7		6		2	
	9		8		3			4
6				2	1		4	
								1
			4				8	3

77

9	6	3				1	8	2
			3		1			
			8		9			
			4		5			
		2				3		
5	9						1	8
	1	8				9	7	
			1		7			
4	3	7				5	6	1

78

		3	8		9			
9		8		1				
	2				4			
	7	1						3
	9			3			8	
5						2	7	
			4				9	
				2		5		6
			5		8	4		

79

	3						7	
7		1				6		8
4		2				1		5
2		5				3		1
	8						9	
			3	8	1			
		6				9		
		7				2		
			5	7	6			

80

					6		5	
4					1		7	
				8		3		2
	1		2			7		
		6				4		
		9			8		1	
3		2		6				
	8		9					3
	6		5					

81

		6				3		
	2		5		9			
9	8			6			2	
			3	5				
7	3						8	1
				8	4			
	6			1			7	3
			6		8		5	
		7				2		

82

		9				3		
	5		9		3		4	
4		6				8		2
	1						5	
				2				
3			7		6			4
	6						8	
		5				2		
			3		7			

83

	1				4			9
2	6				7	8		
9						5		
4				8			6	
			1		9			
	7			3				4
		6						2
		2	8				9	6
7			4				5	

84

2	4					6		8
	1				3			
			8					
		9	7			1	6	
				2				
	6	7			4	2		
					9			
			1				7	
9		1					8	3

85

	4		8		7			
	8	2	1					9
		6		3				
		9	5			7		
		8				1		
		4			2	9		
				1		3		
8					9	2	7	
			4		8		1	

86

			4				9	7
						1		
		6		7			4	
				4			2	5
		2	9		1	7		
6	7			2				
	4			1		8		
		7						
5	3				6			

87

				8		4		
	8	1	7			3		
5			9					8
						7		6
		3	5		7	9		
7		4						
6					1			2
		9			2	1	3	
		5		7				

88

					4		6	9
				1			5	7
		7	6			4		
			7				1	6
	6			9			7	
7	8				1			
		8			3	6		
1	4			5				
3	9		8					

89

2	6	7						
3	1	5			2	8		
9	8	1			3	6		
		2	6			4	5	1
		3	1			5	7	4
						9	1	6

90

			8	6	3			4
	8	1		9	7	5		
								7
	2			5			7	
4								8
	3			8			4	
3								
		7	1	4		2	3	
8			3	7	6			

91

	5							6
	7	4			1			
				3	8			5
				1	6		7	
7		8		9		2		1
	4		7	8				
2			8	5				
			6			5	3	
6							2	

92

	4			9				
5	9						4	
1			4		2			7
	3	6						5
			3		8			
9						1	2	
4			7		6			8
	5						7	6
				1			9	

93

			9				7	
5	2					6		
3			4			5		
	7				3	4		
1								8
		2	5				3	
		1			8			6
		5					4	1
	9				6			

94

9			7	4		1		
7		3				8		
		5	3				4	
3		1				5		
			9		5			
		8				4		2
	6				1	9		
		9				3		8
		4		9	7			5

95

							3	9
					4			
		8		2	9		7	5
5				6				8
	6	1				5	2	
7				1				3
2	7		8	3		6		
			6					
3	9							

96

	9		7		4			
4						2		9
				6		5		
		3			2		8	1
				3				
5	2		4			6		
		4		2				
1		9						8
			8		5		7	

97

		1	9		2	7		
					1	8	2	
				8				4
9		4				3		
				6				
		7				9		5
1				3				
	2	8	4					
		5	2		7	4		

98

9				5		4		
	2							
	1			3	2		5	7
	6					2		
			1	9	8			
		4					1	
8	5		3	7			6	
							3	
		7		8				5

99

1								9
	9			8			1	
		2		1		7		
		7		5		2		
	5	1	8		9	3	7	
		9		6		8		
		4		9		1		
	6			4			3	
2								4

100

		6	7		9	2		
		7	6		3	4		
		4	5		2	1		
			8	3	5			
			9	6	7			
9	2						8	1
5	6						9	4
			3	9	1			

101

	5				2			7
6	1							
		8				5	1	
			1	8			2	9
1			2		7			6
7	3			9	6			
	9	3				6		
							9	8
8			9				3	

102

			4			9	3	
	3	4		6			7	
			5		1			
6	2	7						
3								2
						7	6	3
			1		5			
	7			4		8	2	
	9	5			8			

103

5	4				3		7	
			9					
1	6					9		2
					6	7	9	
				4				
	3	6	5					
9		3					6	7
					1			
	2		7				5	4

104

			1		2		8	4
	7		9		4			
				8		5		
5	9		2			3		
				1				
		3			9		6	2
		1		9				
			6		8		2	
9	8		4		1			

105

			2	5	7			
		9				7		
	4						8	
8			1		5			3
7				3				1
2			4		6			7
	6						7	
		8				9		
			3	2	4			

106

	6			8		9		
	4			9				5
	8		4				6	
		8			9			
		3	2	6	8	7		
			3			5		
	2				4		5	
6				1			9	
		1		7			3	

107

	9	4	3					6
		3					5	
					2	3	4	
4				6		1	7	
				2				
	3	1		7				8
	7	6	8					
	8					6		
1					7	5	8	

108

6				8				1
	7			9			6	
		9				4		
			8		4			
8	9			3			5	7
			9		2			
		5				6		
	2			6			4	
1				2				3

109

1			6		2			
	8				4	2		3
			7					
4		5						2
	1	2				7	6	
8						3		1
					7			
5		9	3				2	
			8		6			9

110

			8			3		7
7	2							
		1	2					8
					4	9	3	
1	9			3			6	4
	3	5	9					
8					2	5		
							1	3
5		4			7			

				5				
			4		3			
		8				7		
		5	1	6	2	4		
6				3				1
3	4		5		8		9	6
1		4				3		7
8								9
	2	3				6	1	

9						1	2	
3				1		5		
		2			8			3
			4				7	
	4		9		1		8	
	3				7			
4			8			6		
		7		4				2
	6	9						7

113

4	7	6		2				
			9		8		7	
							3	
		1	4					8
	8			1			2	
3					2	6		
	5							
	3		8		4			
				6		7	8	2

114

3					6		1	
9				4				
6	2		7					
5	3			9				
7		8				5		2
				7			9	3
					5		4	9
				8				7
	1		4					5

115

		3						
	8	2	4					
9	5	1	2	6				
	9	8	7					
		4				7		
					6	1	5	
				3	7	5	2	1
					5	3	6	
						9		

116

5	2							
			4	7				
3		8				7		
8	5		1			3		
9				6				1
		1			3		5	6
		3				1		5
				9	2			
							4	8

9		6						
	5		9					
		2		6	4			
7	3			2				
	1		6		3		2	
				1			3	4
			5	8		9		
					2		4	
						5		8

117

		5				8		
	1		2		5		7	
6				7				5
		2				1		
	3		1		7		2	
7				6				3
		9				6		
	6		5		9		8	
4				1				2

118

119

8			3				2	
		4				1	3	
			5					6
		2		8		7		
5	8			9			4	2
		6		3		5		
1					2			
	4	5				2		
	2				1			8

120

4	7	8						
	2	1	6	5				
				7	8	2	1	
						7	3	2
2	4	9						
	8	6	5	2				
				6	7	8	5	
						1	2	6

121

			2		8	5	7	6
			4				9	
	5							8
				4	6			9
	6		5		1		8	
4			8	2				
8							5	
	9				4			
7	2	4	1		9			

122

		2		3				9
								7
3			7	9			1	
	6						4	2
				5				
4	2						7	
	9			1	4			6
1								
5				7		3		

1
2
3

				8	9			
9	8							
2		3		7				
1		4			2		5	
	9	2				6	7	
	6		3			2		1
				1		5		8
							1	7
			9	4				

1
2
4

					4	9	1	2
6	1	9	8					
					8	4	5	6
7	9	5	1					
					2	7	4	5
1	7	4	3					

1
2
5

		7	6		5			
8					4	5	7	
	5							3
		3		9			8	
	4						2	
	1			6		3		
4							3	
	7	9	1					4
			9		8	1		

1
2
6

								2
	4	6	7				3	
	2	5	3			9		
	5	8	9		7			
				6				
			1		8	4	9	
		4			1	3	8	
	3				4	5	6	
1								

1
2
7

				4				
				9				
1	3			7			2	9
3	2			5			6	1
	8	9	3		1	7	5	
	4	1	6		7	9	3	
	7	8	9		5	4	1	

1
2
8

			5	4			2	
	6				2	5		8
		2						
1		7			9		4	
2								5
	4		8			2		1
						6		
8		9	7				1	
	7			3	4			

129

		3	6		1	4		
	9	8				1	5	
1	6						2	9
9			4	6	5			8
		6				9		
	3						1	
	1						9	
		5				8		
			3	7	2			

130

8								4
	9						3	
		6				8		
1			6		3			7
	8			7			5	
		7				1		
	1			5			8	
7			2		4			6
		4				9		

131

	9		2		6		7	
2		4				6		5
	6						3	
5								3
		6	8	1	5	7		
4								8
	5						9	
9		3				4		1
	4		7		9		5	

132

		6		3		1	4	
3	1		6					
	7		9		2			
7	3					8		
	5						1	
		2					6	3
			5		9		2	
					1		3	8
	2	1		8		4		

133

							8	9
6			4		8		7	
	7	5				4		3
		9			1			
7	4						9	5
			7			6		
9		6				8	3	
	3		8		6			4
4	5							

134

	3						7	
8		6		4		3		5
5		7		3		6		1
1		4		2		9		7
7		2		8		1		3
	6			7			2	
			6	9	3			
		8				4		

1
3
5

				4	7			6
4						2		
1			9	6				
	9	6	3				7	
				5				
	2				9	3	6	
				9	6			3
		4						5
9			8	1				

1
3
6

		8		1		7		
6			5					8
3		9					5	
				2			9	
	6		3		9		8	
	8			7				
	4					9		2
2					4			1
		7		8		5		

1
3
7

	4				6	7		
1			5				6	
2				8				
	7				8	1		
		2	3	4	1	8		
		8	2				4	
				7				3
	2				5			9
		5	1				7	

1
3
8

6			2				4	
			1		5			6
7		9						
	8							3
4	2		8		6		9	1
1							5	
						5		8
2			9		3			
	6				2			9

139

				7				8
			3	8				5
	4				1	9		
		3					5	
	9		2	5	7		1	
	6					8		
		2	7				4	
9				6	5			
1				3				

140

2	6							
						7	4	
		3	6					
4	5				9			
		1		7		8		
			4				3	1
					7	5		
	1	2						
							8	7

141

	5	8		6	9	3		
				8				1
					4	5		
2				7				3
	1	5				6	7	
4				5				9
		1	3					
5				9				
		7	4	1		8	9	

142

				2			5	
		7			1		3	
			9	4				8
		2		6	4		7	3
		4				2		
3	1		2	9		4		
1				8	9			
	9		4			5		
	7			1				

143

	6	4	7					
	7	8	1					
1						5		
4				6			5	
	5	2	8		4	7	6	
	3			5				8
		5						9
					2	3	4	
					9	1	7	

144

		9	7	8				2
						3		
1	5						8	9
		2				1	4	
			5		3			
	7	3				8		
3	8						9	1
		1						
7				3	4	2		

145

		5	6					
6		7		3	1	2		8
	2						1	6
		8						4
7				2				3
1						9		
2	8						7	
3		9	4	1		8		2
					7	3		

146

5					4			
8							4	
2	1		8	3				5
			2	1	3		8	
	6						5	
	8		6	5	7			
6				2	8		9	4
	9							8
			9					3

147

		2				8		
	1	4	6		5	7	2	
		5				1		
				4				
5	6		1	3	2		7	4
				6				
		7				5		
	4	6	3		7	2	8	
		1				4		

148

3		1		8		7		9
	5		1		9		8	
			7	5	3			
	3	4				5	6	
9								2
1								7
	9	8				4	5	
			9	4	2			

149

1			5		3	6	8	
	3		4					2
8						5		
			2		7		6	
				8				
	2		3		6			
		5						6
9					2		7	
	6	7	9		5			4

150

	8				1		7	
	4	5	8		9			
2				7				
		7			5			6
	3		6		4		1	
4			7			8		
				3				9
			9		7	2	5	
	2		1				4	

151

6	5	8				7	1	9
			9	1	5			
			8	4	6			
			1	9	2			
1	9	2				8	4	6
9	4	7				6	5	2
			7	5	4			

152

8	3				2		4	
6				9				
9	1						7	
		3	8					2
			1		6			
4					9	7		
	4						5	6
				5				7
	6		9				8	1

153

					8			
				9		7		
			5		7	6	9	
		9		4	3	2		7
	1		9	7	5		8	
8		3	1	2		5		
	2	6	7		1			
		4		3				
			6					

154

			1					3
					6	9		
		5					2	7
	2		3	6		4		
		1				6		
		6		4	8		1	
9	3					7		
		2	5					
8					9			

155

	7	2	1			3		
		5	7		4		9	
9			5			4		2
			3			2		
	9						4	
		7			1			
2		4			9			3
	8		4		2	9		
		9			3	7	2	

156

3					1			
4		8				7		
9		6		7			1	
5		4		3				6
		7		6		1		
1				4		8		3
	8			5		3		7
		3				6		4
			7					1

1
5
7

	8						7	
1								3
	6			5			1	
5			9		2			8
	9		1		5		3	
3			8		4			1
8			2		9			7
	4		7		6		9	
		9				1		

1
5
8

							8	6
6	5			3				
3	8	9	6					
			8	7		2		4
				9				
7		2		5	4			
					9	5	6	2
				8			4	1
5	1							

159

		8				4		
			8		3			
3	7			2			8	1
	3			9			2	
	2			6			4	
	8			3			9	
9	6			5			7	8
			7		2			
		2				5		

160

			3	8	7			
		6				2		
4			6	2	5			1
	3			1			7	
		2		5		8		
			7	3	9			
				9				
			2		8			
	1	9				6	8	

161

				6	8			
7	6							
		1	9			3		
	3				9			2
6		7	5		4	8		1
1			2				4	
		3			1	9		
							5	7
			8	7				

162

		5	4	7				
2		8	6					7
	7	9			8			2
	2					6		
5								3
		1					8	
8			1			9	2	
1					9	3		5
				4	3	8		

163

	2	9				8	1	
			7		2			
				1				
		5	1	3	7	6		
		2				1		
		3				5		
	5	7	6		8	3	2	
	6		2		1		4	
	4		9		3		8	

164

	7				4			
5				8				
	1		7		9			6
					8	3		2
8	2			5			7	9
6		9	3					
9			8		5		1	
				3				5
			2				8	

165

		8			3	4		
			7			1	3	8
	5			9				
1	4	3						
6			5		1			3
						6	1	7
				4			9	
5	8	7			9			
		9	3			7		

166

		6	4		8	3		
8							4	
		9	7	6			5	8
					5		1	
9								5
	2		1					
6	1			5	9	4		
	3							6
		7	8		6	5		

167

4	8			1	2		5	
				9		8	7	
	3						2	
					5			2
8			1	6	3			7
3			2					
	5						1	
	1	8		3				
	9		5	7			4	8

168

					7	6		
				8	1			
			9	5				8
		5	1				3	6
	7	4				2	1	
9	6				2	5		
6				4	5			
			3	7				
		3	8					

169

1	5	4			9			
		8		6			5	
	3				5			
	8	2			1			4
				3				
5			6			8	9	
			3				6	
	6			7		4		
			1			5	7	3

170

		7	4	5	9	8		
	1			8			7	
8				2				4
				9				
2		6		3		9		7
3		5				1		8
	6						2	
		3				4		
			5	6	4			

171

3						9	7	
7		4	6					
2				4				
4	3					6		9
	6		3		2		4	
8		7					2	3
				3				5
					1	8		7
	2	8						6

172

			2	8				
					9	4		
6	9				1		8	
		8		5			4	9
2								6
1	4			2		8		
	8		6				9	3
		1	7					
				4	2			

173

		6	9			7		
2		3		1	7			8
				2	5			
9		8						4
		5	1		9	3		
7						9		1
			5	9				
3			7	6		4		9
		9			2	8		

174

	7							
9			1					4
2	8			7		5		3
	4			3		9		
			4		2			
		2		5			3	
5		3		2			4	7
7					8			6
							5	

175

	6		5			8		
							6	5
5	2			6		9		
			6	9	8			7
1								8
2			7	1	3			
		7		4			2	9
4	1							
		2			1		8	

176

3	1	6				8	5	2
			5		6			
9	2	5				4	1	3
		4				6		
	5		2		1		7	
	9		6		3		4	
	7		4		9		2	

177

	9	3	2					
	4		9	3		2	1	
8								9
			6				2	1
	8			1			4	
3	1				8			
4								2
	3	8		9	2		5	
					6	1	8	

178

	2	5	6					7
	1		2				9	
4			5					
2		9			8	4		
		1	7			8		2
					1			4
	3				6		8	
8					2	7	6	

1	3		7	5			9	
		2						8
							7	
	4	6	1					
2		1	5		8	7		6
					2	9	1	
	2							
5						8		
	8			1	9		6	7

		6		5			2	
7					1		8	
	5		7			1		
	6		8		4			2
2								1
9			2		7		5	
		3			5		6	
	2		4					8
	8			3		5		

181

		2			9			6
		6		7				
9					8		7	
		1		9		6		
	5						2	
		4		5		8		
	1		4					3
				6		5		
4			8			1		

182

		1		8	5			
		2			9	3		4
	7						1	
	8	3		2			6	
2			8		7			1
	5			6		8	4	
	1						2	
6		5	3			4		
			6	7		1		

183

6	9			3				
	2		5					
8			4			9		
5	8			7		2		
			9		1			
		9		4			7	6
		5			6			9
					7		4	
				5			8	3

184

	2	6					7	
7	5			6		9		
1							5	
2		9	7		3		8	
			6		9			
	7		8		1	6		2
	8							3
		7		3			4	5
	3					1	6	

185

		5	1					4
		1	8			7		9
	6		4			1		
	9				4	5		6
			2		9			
3		6	5				9	
		7			5		4	
6		9			1	3		
5					8	9		

186

	1			4	8			
	3		2				9	
7								1
	9	4		7		5		
5				8				3
		1		5		9	4	
1								4
	4				7		1	
			1	3			2	

187

7			4	1	5	2		
5						3		
	2							
	8		2		4			
4				5				8
			6		3		1	
							7	
		1						4
		9	8	7	6			5

188

4	1				9			
	7			4		6		
	3		8				5	4
1	4						3	
			9		2			
	5						8	1
5	6				4		2	
		4		8			1	
			3				4	9

189

		1	7	9	6	8		
	2	8				6	9	
	9		8		3		1	
	5						7	
	1		2		9		3	
	6	5				7	8	
		7	5	3	2	9		

190

		8	6	4		5		
5			1		7		2	
				8				9
		7		1		3		2
2		6		7		4		
6				5				
	7		4		8			3
		3		2	1	9		

191

	6				3			5
2				6			9	
			8			7		
		7			9			
	8						2	
			7			3		
		9			5			
	7			8				2
5			1				6	

192

							2	5
	8	1						
7			9		3			6
		4		8				3
	1		2		6		8	
8				5		9		
3			4		2			1
						7	9	
4	7							

193

	7	9						
					8			2
5			1			4	3	
4				3		7		
7	5						1	6
		2		6				4
	1	5			2			3
3			5					
						8	6	

194

2				9				5
				1				
		8	6	3	2	1		
6			8		9			2
8			4		1			9
4			2		3			7
		7	3	8	5	4		
				4				
1				2				8

195

			1	6		4		8
	2						9	
6				9	2	3		
		4			7			6
8			6			9		
		7	5	3				1
	5						4	
1		6		2	4			

196

7		8		1		3		
	9				8		1	
4		5				8		9
							2	
5								3
	8							
9		6				1		2
	7		6				8	
		1		5		4		6

197

3		6		7				2
	4		5			8		
		2	3	9				
	7	3						8
6								1
1						4	7	
				1	9	6		
		7			3		5	
4				2		3		9

198

					1		8	
2	6	8	4		5		1	
7			2		8	4	3	
4			6					
					7			1
	7		8		6			4
	4		3		2	8	5	6
	8	5	9					

199

	8		5	2		1		
2					6			
	5	3		7	9			
	7					6		
1			4	5	3			2
		4					9	
			7	4		9	1	
			6					7
		7		1	2		5	

200

8	1						5	9
4								2
3	7						1	6
		4	1		7	3		
			6		9			
		1	5		8	9		
	5						8	
	4						9	
	3	7	8		2	5	4	

201

4								9
	8						5	
		7				6		
	1		2	8	5		4	
5				1				2
9				3				5
			5		6			
		3				7		
	9						8	

202

6		9	2					1
				4	1			6
	3			9			2	
		4			5			8
3			8			2		
	4			7			1	
8			3	5				
2					4	7		5

203

								9
	8	6	5	4	9	3		
	4					1		
	3	5	8	2	1	9		
		1	9	3	7	4	8	
		4					1	
		7	4	1	2	8	9	
9								

204

9				6		7	8	
		2			7			
	7	4		5		3		
		3						
	6			2			1	
						4		
		6		7		5	4	
			3			1		
	8	7		9				3

205

3			4	7	2			1
		4				2		
		1		5		3		
		8				7		
4			8	2	1			3
		2				4		
		7		3		9		
		3				5		
8			7	6	5			4

206

				5			7	
5		7		2	4			
	1	3	6					
		8		7			1	2
			2		8			
9	4			1		8		
					5	7	8	
			9	8		2		4
	6			4				

207

			1				7	
8			7				2	9
				2	6			4
	4					7		5
		1		8		3		
9		6					4	
3			4	5				
1	2				9			7
	5				2			

208

3								6
9				1				5
			2	3	7			
		8	1		3	9		
	7	9				1	8	
		5	8		9	2		
			7	6	1			
7				9				1
5								2

209

					3	9		
8			7			4	1	
4			5				2	
		7	9					1
6				7				4
1					4	6		
	8				9			3
	7	1			6			9
		4	8					

210

	5		1		2		4	
9	7			3			2	1
7			3			4	1	
		6				2		
	9	8			4			3
5	4			7			6	2
	6		2		9		3	

2
1
1

	3		5	8		4		
	5						8	
	1				3	5	2	9
6			1		4			
			2		9			1
1	7	8	3				4	
	6						3	
		3		5	8		9	

2
1
2

						1	5	
	7		4		3			
	8							2
	1	3		7				
	5	7	3		2	4	1	
				1		3	6	
8							3	
			8		1		9	
	2	5						

2
1
3

7		1					8	2
2					1		4	
	8		9					
					7		2	5
			6		3			
4	9		2					
					2		6	
	2		3					1
3	5					2		8

2
1
4

7								5
	5						3	
		4				2		
			3		1			
		9	4	2	6	8		
	3	2	7		8	4	9	
2	9	8				1	7	4
			8	7	2			

215

				1				
	1	8	4					
	4			7		2	9	
	6	3	1			4		7
		1				3		
7		4			6	9	1	
	3	9		6			8	
					5	7	4	
				3				

216

	8	5	1					
2	4		8					
	1	6			2			
			7	8			6	5
	7			2			9	
8	6			9	5			
			6			9	2	
					7		5	6
					4	8	7	

217

8	4				3	5		
	1						4	8
		9						1
		4	5		1	9		
	7			3			5	
		5	6		2	4		
4						3		
7	5						2	
		6	3				9	5

218

		2	4					8
		4	7					3
						9	4	
	1		3		7		9	
	2			1			5	
	3		2		8		6	
	5	8						
3					2	5		
2					6	1		

219

		6	7					9
	3		8					
1		8						
4	6		9				2	
			4		7			
	7				2		1	5
						1		8
					5		6	
3				2		7		

220

		7			5			
	4		9				1	7
	2		1	3				
	6		7	9				2
3				1				6
7				6	4		3	
				5	2		7	
4	8				9		2	
			4			9		

221

2			6				4	
			3	9	8			5
		7			1	6		3
	3			5			9	
8		5	9			2		
6		9	1	4				
	4				7			2

222

6			2					8
				9				
			7		5			
			9		1			
		9				1		
		3	4		8	9		
	2			7			1	
3			8		2			6
8	1	5				7	2	3

223

	5							9
			7	1	8		3	
							2	7
					4	6		8
4				2				1
7		8	5					
5	8							
	1		6	5	7			
3							4	

224

					3			4
6		3	2		1			8
5	7							
		5			4		6	3
4	1		3			9		
							8	1
1			4		9	7		5
3			7					

225

1			4			6		
	9			7			1	
		3			5			8
		2			1			9
	6			8			7	
3			9			8		
4			8			1		
	7			2			5	
		5			4			3

226

	3	9			5			6
			9		6		3	4
						7		
9	7		3					5
8								1
3					1		6	9
		7						
4	9		8		3			
6			5			9	4	

227

		9			7			
4		7	9		1			8
		2	6				3	
8		1						
			8	7	2			
						9		6
	1				9	8		
7			5		8	4		3
			7			5		

228

	9	7			4	2		
	1				2		8	
8								9
5			6			8		
	7			4			1	
		1			9			6
7								8
	4		2				3	
		3	8			5	2	

229

			3					
		5		4	2			
2	6	9					4	
	3				5	4		1
		7				8		
4		6	2				9	
	7					2	6	4
			6	2		9		
					7			

230

				6	5	4	9	2
		5	7					1
		2	3					
		6	4					
		3	9	5	6	2		
					3	1		
					1	7		
3					4	8		
4	6	1	2	7				

2
3
1

7			2					
	2		7			5		3
		1		8		4		2
3	1		9					
			5		7			
					3		1	5
2		6		5		7		
5		7			2		4	
					6			9

2
3
2

			2			5	6	8
3		5						1
	6		1					9
		6			9		4	
			5		8			
	4		6			7		
9					2		1	
2						6		4
6	1	4			3			

233

					4		1	
	7							8
	4		5		3	6	9	
		3	6				7	2
		6				8		
5	9				8	1		
	3	4	8		7		5	
7							2	
	5		3					

234

		8			5	7		
	5	9			3		4	
	3	6					1	
	9		5			3	7	
				3				
	6	7			4		5	
	1					4	2	
	7		1			5	9	
		4	9			1		

2
3
5

4			7		5			6
	8	2	9					
	6			1				
3	1						8	
6				3				7
	7						5	4
				7			2	
					1	5	6	
1			2		8			3

2
3
6

			1				4	
	7	1	2			5		
6					5	7		
9				2			7	3
3	5			7				1
		6	8					5
		2			1	8	6	
	8				9			

237

6					9		7	
8		3	7	4				
	2		8					
			3	5			8	
		1				4		
	6			9	8			
					1		9	
				2	3	5		7
	3		9					2

238

	4		2					
		5			3	6		
7					6		8	5
5		2	6		9		7	
				7				
	7		5		8	1		9
3	9		1					4
		7	8			3		
					4		9	

239

6	7		5		3		9	
	5	8		1			2	
		7		4	8			5
5	6						8	9
8			1	5		2		
	8			9		7	4	
	3		4		7		6	1

240

9				5				4
	4			7			8	
		7		6		1		
			9		5			
7	1	5				9	2	3
			7		3			
		8		9		6		
	3			4			7	
2				3				9

241

		4		7				1
								8
7			1				4	2
	4	2		1		5		
1	6						3	4
		3		8		9	1	
8	1				7			5
2								
4				5		8		

242

		7	4	9	8	3		
		1				8		
8		4				7		5
7		5				2		8
		3				4		
		9	8	6	7	5		
3			6		2			7
5			9		1			3

2
4
3

			4	6		8	9	
					1	3	6	
							1	7
4		5			6		2	
7								1
	3		8			6		5
1	4							
	7	3	1					
	2	6		4	8			

2
4
4

			2	3	6			
		3				8		
5	6	9				3	7	2
	5						1	
		7				6		
			4		1			
		5				7		
	2		3	7	8		5	
7	3	4				2	8	9

		5			6		3	
		4	5	2		1		
1					7			2
		7				8	4	
			2		8			
	5	1				3		
6			7					8
		8		6	2	9		
	9		1			4		

2
4
5

	7		3		4		6	
	8		1	9	7		2	
	4						9	
	1	2	6		9	3	7	
				7				
				2				
1				3				9
	3			8			4	
		7		1		2		

2
4
6

2 4 7

	4		9	2		3	8	
9							1	
2	3				5			9
			1					
1			5	9	6			2
					8			
4			2				3	1
	1							8
	5	2		3	1		6	

2 4 8

8	3			2				7
1						6	2	
6				7	5			
	5				7			6
3				1				8
2			5				4	
			2	3				5
	8	6						2
7				5			6	9

249

			7	9			1	2
1					6	5		4
		6	5					
		4			9			
	8	1				3	9	
			2			4		
					5	9		
6		3	9					5
4	5			3	8			

250

8			5			1		6
	6						9	
		2	4		6		7	
	1					8	5	
		6		5		9		
	3	8					1	
	8		9		7	2		
	2						8	
6		4			1			9

251

		5			9	7	4	
					8	6		9
				1				8
			5				7	6
	7			2			3	
1	5				7			
9				7				
6		4	9					
	2	7	6			8		

252

4	5				3	7		
		2		4				
			7				8	
					9		1	
	8	6		1		4	2	
	4		2					
	9				5			
				2		6		
		3	6				5	1

253

	9	7	1				2	4
2		3	6			9		
	4				9			8
5			4				7	
		4			3	2		1
3	1				2	8	5	

254

		2			1			
4					3	9		
				4			8	1
	8				5		7	
		6				3		
	1		3				9	
6	7			5				
		9	2					5
			1			6		

255

1	5		4			2		
	6		8			5		
		7				4		
	8		7	5			3	
			1		8			
	1			4	9		2	
		3				9		
		1			4		6	
		8			3		1	4

256

	8			2	4	1		
			8			7		
1	4							
		6		9	7	5	2	
		4				6		
	5	9	4	6		3		
							6	3
		1			9			
		3	2	5			9	

2
5
7

	2	3				4	1	
7			2		1			5
			4					2
		7						4
	5						6	
6						1		
1					5			
4			7		8			3
	8	6				7	5	

2
5
8

		1				5		
	5		3				4	
6				9				3
	1				7			
		6				3		
			4				9	
8				2				6
	4				9		5	
		3				7		

259

3		6	8		9	1	5	
						2		
	1		6			3	8	
					5		2	
9				4				8
	3		7					
	4	7			8		6	
		8						
	6	3	4		1	8		2

260

1				7	9	6		
		6				1		8
7	2						4	5
		4	7					6
				5				
2					1	4		
4	8						6	7
5		1				8		
		2	6	8				1

261

					2	4	5	
		2						7
8			7	6				
	6	5		3				1
7								3
3				1		2	6	
				8	1			2
5						8		
	3	8	6					

262

		8				7		
	1		6		8		5	
4			2		1			3
7								8
				2				
3								6
6			3		2			9
	5		1		9		2	
		2				8		

2
6
3

		5	3	8	1	6		
			5	7	4			
				1				
2								3
4	1			9			8	6
5	2						4	9
6	8			4			5	7
9								8

2
6
4

		3						
		5		3	7	6		
		6			4		2	5
			9	6			7	
	8	7		5		2	6	
	1			7	3			
4	3		5			7		
		1	3	4		8		
						5		

265

7			5	2				
	8	9	3					5
	2			9		1		
5					3	4	9	
	6	3	1					7
		7		3			6	
9					6	8	5	
				8	5			4

266

	8	5			3			
			8					
				5		9	4	
	7				5	3		
8	1			2			9	7
		2	3				6	
	9	7		1				
					2			
			4			6	1	

267

	6	7	5			9		
					7	5		
	3	4					1	
	9		2					4
3				8				2
2					4		5	
	8					3	6	
		3	1					
		9			2	4	8	

268

		8	2		4	5		
		7	1		3	9		
2	8			6			7	1
9	1						6	5
	4	9				6	8	
		5	7	9	8	3		

269

	5		4				2	
	2	1				8		6
			8					9
			7			2	6	
		4				1		
	1	8			3			
6					2			
1		5				7	9	
	8				5		1	

270

		4			1			7
	7			2			3	
6			8					
		8						4
	1						2	
9						3		
					4			8
	2			6			5	
8			2			1		

271

6	2		9				4	3
3		8			2			
		4		6		2		
			2					8
	1						2	
4					7			
		1		2		4		
			7			8		9
5	8				3		7	2

272

9	3				4	8		
	4	2	9					
5			3					1
							4	6
6		3		8		1		2
7	2							
2					3			8
					2	6	1	
		1	8				3	9

273

5								8
		3	9	6	8	5		
	2						6	
	6			7			4	
	8			1			3	
	3			2			1	
	7						8	
		8	4	9	7	3		
4								6

274

		6		3			4	
5				7		3		
			2		8	5		
3						7	6	
	5			2			9	
	4	7						1
		5	7		2			
		2		5				4
	8			6		1		

275

					9			
			5	4			8	3
				1	8	7	6	
8	4							6
1	6		9		4		3	2
2							4	7
	8	5	1	9				
4	1			8	6			
			4					

276

	2	6				7	1	
8			7		3			5
9				5				3
	6						7	
		2				1		
			9		5			
2	3			7			5	4
5	4						6	1

277

			6				9	
			3			8	1	7
7	2		4			6		
4		7		3				
	1						3	
				2		5		4
		4			1		2	5
1	9	2			7			
	7				3			

278

					3	5	9	
2		7						
		9		8			4	
1	7					3		
		4	5		6	7		
		6					5	1
	4			2		6		
						1		5
	6	1	7					

279

2		7	8					1
			3			7		2
4			1				5	
						8		
	8		5		4		1	
		4						
	3				2			5
5		9			1			
6					5	4		3

280

			3	1				8
			2		6	5		
2					4		1	3
					2	9		4
	8						3	
4		2	6					
9	1		4					2
		3	1		5			
6				9	3			

281

		7	3	6	4			
		6	9	8	1			
							8	6
							2	3
3	1						5	8
8	6							
2	9							
			1	9	3	8		
			5	2	6	9		

282

9	1		8					
			3			4		
		4			7			9
	2							4
	3	8		6		7	9	
1							8	
8			7			1		
		6			2			
					3		5	8

283

	8		3		7		9	
3	5	7		9		2		
				5		8		
2	9						1	
		3				9		
	7						5	4
		8		3				
		5		2		1	8	6
	2		8		5		3	

284

1						8		
					6		7	
				7		2		9
			5		3		1	
		3		8		5		
	7		9		2			
8		1		5				
	9		8					
		4						2

2
8
5

6			1		4			
		1	6				4	
7							2	
		9	8				6	
8			7		2			3
	2				5	7		
	4							8
	5				1	3		
			5		7			2

2
8
6

	3		7			1		
8				5				4
		5	3					8
	1	4						
	9			3			4	
						7	1	
6					2	3		
4				1				5
		3			6		8	

287

	6				1	4		
	8			6			5	1
3		5			2			6
	5							2
		4		5		6		
1							4	
6			1			7		8
8	2			4			9	
		1	8				6	

288

					7	1	3	
			4		9		5	6
1			5	3		9		
3						4	2	
	5	8						3
		5		4	1			7
7	6		8		3			
	3	1	9					

289

					2	1		7
	2		4					
9		1			8	5		
						3		1
	4	2				8	6	
1		8						
		4	2			6		3
					1		7	
7		6	9					

290

	4		6		2	8		
		2	9		3			7
		8						
	2				8	7	6	
5		7				4		3
	6	3	4				8	
						6		
4			7		1	9		
		6	8		5		7	

291

3						7		
	1	6	7					
		5		2	9		1	
	4				7	1		
1			2	4	3			6
		8	1				2	
	6		5	8		2		
					6	9	5	
		1						4

292

5				4				
4	3				6			1
		1	3		2		9	
6		4		1	5			
			4	8		6		2
	9		6		8	4		
1			9				2	6
				2				7

293

9		7				8		2
	1		5		2		6	
	3		1		5		4	
	8		4		7		2	
	2		9		4		3	
8		3				7		5

294

	8		7					
	3				5			2
			9	2	6			
		8		7			2	
	6	7				9	3	
	1			5		8		
			5	9	3			
4			8				7	
					7		8	

295

1	2				4			
8	7					3		
		9	7				2	
		8	3					5
3					8	2		
	8				1	7		
		6					5	3
			6				4	9

296

	4				8		1	9
2		3	4					
				5	7		4	
	3					2		
4	2						8	3
		8					9	
	5		1	2				
					9	5		1
1	6		5				7	

297

	4	2	5		9	8	3	
	8		3		4		1	
	1		2	3	7		8	
	7						4	
	6						2	
3		1		6		4		5
	5		4		2		7	

298

		4				2		
	3		5		8		6	
5				1				7
				2				
			9		6			
		9				4		
	2			8			3	
6				7				4
8				6				1

299

				4				
			8		2			
		3		5		1		
	3		2		8		7	
		1				3		
	2	7	4		6	5	8	
		5				6		
	8						3	
7								5

300

6								1
	9			4			6	
			6	1	7			
		3				2		
	6	2		5		1	8	
		7				6		
			1	6	5			
	8			9			4	
3								5

1

3	2	7	8	4	5	1	9	6
4	8	5	6	9	1	3	2	7
1	9	6	3	7	2	5	8	4
5	6	3	2	1	8	4	7	9
2	1	4	9	5	7	8	6	3
8	7	9	4	3	6	2	1	5
9	4	1	7	2	3	6	5	8
6	3	2	5	8	9	7	4	1
7	5	8	1	6	4	9	3	2

2

4	1	9	6	8	5	2	3	7
2	3	5	4	9	7	8	6	1
6	7	8	3	2	1	9	4	5
8	5	4	7	3	9	1	2	6
7	9	2	5	1	6	3	8	4
3	6	1	8	4	2	5	7	9
5	4	3	1	7	8	6	9	2
1	2	7	9	6	3	4	5	8
9	8	6	2	5	4	7	1	3

3

8	4	5	1	2	9	6	7	3
2	1	9	6	3	7	8	5	4
7	3	6	4	8	5	1	2	9
9	2	4	5	1	8	3	6	7
6	8	7	3	4	2	9	1	5
1	5	3	7	9	6	4	8	2
5	9	8	2	6	4	7	3	1
4	7	1	8	5	3	2	9	6
3	6	2	9	7	1	5	4	8

4

1	3	4	2	5	6	9	7	8
2	6	8	4	7	9	3	5	1
9	5	7	3	8	1	4	6	2
4	8	2	9	6	7	1	3	5
5	1	3	8	4	2	7	9	6
6	7	9	5	1	3	2	8	4
7	9	6	1	2	8	5	4	3
3	4	1	6	9	5	8	2	7
8	2	5	7	3	4	6	1	9

5

1	5	6	2	4	9	8	7	3
8	3	4	7	5	1	2	6	9
9	7	2	8	3	6	4	5	1
4	6	8	5	1	3	7	9	2
5	2	3	9	7	8	6	1	4
7	1	9	4	6	2	3	8	5
3	9	7	6	2	5	1	4	8
2	4	5	1	8	7	9	3	6
6	8	1	3	9	4	5	2	7

6

5	8	1	3	7	2	4	9	6
7	3	4	8	9	6	5	2	1
6	9	2	5	1	4	7	8	3
9	5	7	6	8	1	2	3	4
8	2	3	9	4	7	1	6	5
1	4	6	2	5	3	9	7	8
2	7	5	1	6	8	3	4	9
4	6	9	7	3	5	8	1	2
3	1	8	4	2	9	6	5	7

7

2	3	8	4	6	5	7	1	9
5	4	7	9	3	1	6	8	2
9	6	1	2	8	7	3	4	5
1	5	2	3	9	8	4	7	6
7	8	4	6	1	2	5	9	3
6	9	3	5	7	4	8	2	1
8	1	5	7	2	6	9	3	4
3	2	6	8	4	9	1	5	7
4	7	9	1	5	3	2	6	8

8

3	5	1	7	8	2	9	6	4
2	9	8	5	6	4	3	1	7
6	7	4	9	1	3	5	8	2
8	6	5	4	2	7	1	9	3
9	4	2	6	3	1	7	5	8
7	1	3	8	9	5	2	4	6
1	3	9	2	4	6	8	7	5
5	2	6	1	7	8	4	3	9
4	8	7	3	5	9	6	2	1

9

5	1	2	3	7	9	6	8	4
8	7	3	6	5	4	9	2	1
4	9	6	2	1	8	3	7	5
2	3	1	4	8	7	5	6	9
7	4	5	9	6	1	8	3	2
9	6	8	5	2	3	1	4	7
3	8	4	7	9	5	2	1	6
1	2	9	8	4	6	7	5	3
6	5	7	1	3	2	4	9	8

10

5	9	1	4	8	6	7	2	3
7	8	2	5	1	3	6	9	4
3	4	6	9	7	2	8	5	1
6	7	5	3	9	1	4	8	2
2	3	9	8	5	4	1	6	7
4	1	8	2	6	7	5	3	9
9	5	3	1	4	8	2	7	6
8	6	4	7	2	9	3	1	5
1	2	7	6	3	5	9	4	8

11

9	3	1	2	6	8	5	4	7
7	5	8	1	4	3	6	2	9
2	6	4	5	9	7	1	8	3
1	9	2	7	5	6	4	3	8
8	7	3	9	1	4	2	5	6
5	4	6	3	8	2	7	9	1
4	2	9	6	3	1	8	7	5
3	1	7	8	2	5	9	6	4
6	8	5	4	7	9	3	1	2

12

8	9	6	5	4	2	3	1	7
2	7	5	9	1	3	8	6	4
1	3	4	8	6	7	9	2	5
7	8	2	3	5	4	1	9	6
4	5	9	6	8	1	2	7	3
6	1	3	7	2	9	4	5	8
5	2	7	4	9	8	6	3	1
9	6	8	1	3	5	7	4	2
3	4	1	2	7	6	5	8	9

13

3	1	6	9	7	5	8	4	2
9	7	5	8	2	4	3	1	6
4	8	2	1	3	6	9	5	7
8	5	3	6	4	7	1	2	9
7	4	9	5	1	2	6	3	8
6	2	1	3	8	9	4	7	5
5	9	7	4	6	3	2	8	1
1	6	4	2	5	8	7	9	3
2	3	8	7	9	1	5	6	4

14

4	5	2	3	9	6	7	1	8
1	6	3	7	2	8	9	5	4
7	8	9	1	4	5	6	3	2
6	9	8	4	3	2	5	7	1
2	7	4	9	5	1	8	6	3
5	3	1	8	6	7	2	4	9
8	2	6	5	1	3	4	9	7
9	1	7	6	8	4	3	2	5
3	4	5	2	7	9	1	8	6

15

9	8	4	2	7	3	1	5	6
2	5	6	8	4	1	3	7	9
1	3	7	9	5	6	8	4	2
3	7	1	4	6	2	5	9	8
4	9	2	3	8	5	7	6	1
8	6	5	1	9	7	4	2	3
5	2	3	6	1	4	9	8	7
7	1	8	5	2	9	6	3	4
6	4	9	7	3	8	2	1	5

16

5	8	7	4	6	3	1	2	9
2	1	9	5	8	7	3	4	6
3	6	4	1	9	2	8	5	7
7	4	8	6	3	1	2	9	5
9	3	6	2	5	8	4	7	1
1	2	5	7	4	9	6	3	8
6	7	3	8	2	5	9	1	4
8	5	2	9	1	4	7	6	3
4	9	1	3	7	6	5	8	2

17

8	4	3	1	2	9	7	5	6
7	2	1	3	5	6	9	8	4
9	6	5	8	7	4	1	2	3
2	5	6	9	1	8	4	3	7
4	1	7	6	3	5	2	9	8
3	8	9	7	4	2	6	1	5
6	7	8	5	9	1	3	4	2
5	9	2	4	6	3	8	7	1
1	3	4	2	8	7	5	6	9

18

5	6	4	8	3	2	9	1	7
8	2	7	6	1	9	4	3	5
9	3	1	4	7	5	8	6	2
4	8	2	9	5	3	6	7	1
3	9	5	1	6	7	2	8	4
7	1	6	2	4	8	5	9	3
2	7	8	5	9	1	3	4	6
6	5	3	7	8	4	1	2	9
1	4	9	3	2	6	7	5	8

19

1	6	7	5	3	2	4	8	9
3	2	8	1	4	9	5	7	6
4	5	9	7	6	8	2	3	1
8	9	1	4	7	5	6	2	3
2	7	5	3	8	6	9	1	4
6	4	3	2	9	1	8	5	7
5	3	6	8	1	4	7	9	2
7	8	4	9	2	3	1	6	5
9	1	2	6	5	7	3	4	8

20

5	3	1	6	9	8	7	2	4
6	4	2	7	1	3	5	8	9
8	9	7	5	2	4	1	3	6
9	8	6	4	7	1	2	5	3
2	7	5	9	3	6	8	4	1
4	1	3	8	5	2	6	9	7
1	6	4	3	8	5	9	7	2
3	5	9	2	6	7	4	1	8
7	2	8	1	4	9	3	6	5

21

6	7	8	2	4	1	9	3	5
3	2	5	8	6	9	7	4	1
1	4	9	7	3	5	2	8	6
4	5	6	1	2	8	3	9	7
9	3	1	5	7	4	8	6	2
2	8	7	3	9	6	1	5	4
7	9	3	6	5	2	4	1	8
5	1	2	4	8	3	6	7	9
8	6	4	9	1	7	5	2	3

22

8	5	7	1	4	6	9	2	3
2	6	9	8	3	7	4	1	5
3	1	4	5	2	9	8	7	6
7	8	6	4	1	3	2	5	9
4	3	2	7	9	5	1	6	8
5	9	1	2	6	8	7	3	4
9	2	3	6	8	1	5	4	7
6	4	5	9	7	2	3	8	1
1	7	8	3	5	4	6	9	2

23

7	4	9	3	1	8	6	2	5
2	6	5	7	9	4	8	3	1
3	8	1	5	6	2	4	9	7
1	5	7	8	3	6	2	4	9
6	3	2	9	4	1	7	5	8
8	9	4	2	7	5	3	1	6
4	7	6	1	5	3	9	8	2
5	2	3	6	8	9	1	7	4
9	1	8	4	2	7	5	6	3

24

3	4	8	7	1	9	2	6	5
2	9	6	5	3	8	4	7	1
1	5	7	6	4	2	9	3	8
7	6	1	3	5	4	8	9	2
9	3	2	8	6	1	7	5	4
5	8	4	2	9	7	6	1	3
8	2	9	1	7	5	3	4	6
4	1	3	9	8	6	5	2	7
6	7	5	4	2	3	1	8	9

25

9	3	8	7	1	6	5	4	2
1	4	6	3	5	2	9	8	7
7	2	5	9	4	8	3	6	1
3	1	2	4	8	9	7	5	6
4	8	7	5	6	3	2	1	9
5	6	9	2	7	1	4	3	8
8	5	4	6	9	7	1	2	3
6	9	3	1	2	4	8	7	5
2	7	1	8	3	5	6	9	4

26

5	9	2	3	1	4	6	8	7
7	4	8	5	6	2	3	9	1
6	3	1	8	9	7	2	5	4
8	2	7	9	3	6	1	4	5
9	6	5	7	4	1	8	3	2
3	1	4	2	8	5	9	7	6
4	7	9	6	2	3	5	1	8
2	5	3	1	7	8	4	6	9
1	8	6	4	5	9	7	2	3

27

2	9	7	6	5	8	4	1	3
6	4	1	9	7	3	2	8	5
8	3	5	1	4	2	7	9	6
3	1	6	8	9	4	5	2	7
5	8	2	7	6	1	9	3	4
4	7	9	3	2	5	8	6	1
9	5	3	4	8	6	1	7	2
1	2	8	5	3	7	6	4	9
7	6	4	2	1	9	3	5	8

28

2	9	5	7	3	8	4	6	1
7	3	4	6	9	1	2	8	5
6	1	8	2	5	4	9	7	3
1	8	6	3	2	9	7	5	4
4	7	3	1	6	5	8	9	2
5	2	9	4	8	7	3	1	6
8	4	2	9	1	6	5	3	7
3	5	1	8	7	2	6	4	9
9	6	7	5	4	3	1	2	8

29

6	4	7	5	8	9	3	1	2
9	1	8	2	3	6	7	4	5
2	5	3	1	7	4	8	6	9
4	6	2	7	1	8	9	5	3
7	9	1	3	4	5	2	8	6
8	3	5	6	9	2	1	7	4
5	2	9	8	6	7	4	3	1
1	8	6	4	2	3	5	9	7
3	7	4	9	5	1	6	2	8

30

5	2	8	6	1	7	4	3	9
6	1	7	3	9	4	2	5	8
3	9	4	8	2	5	6	7	1
1	3	9	5	6	2	8	4	7
8	4	2	7	3	9	1	6	5
7	5	6	1	4	8	9	2	3
4	8	1	2	7	3	5	9	6
2	7	5	9	8	6	3	1	4
9	6	3	4	5	1	7	8	2

31

5	1	6	8	4	3	9	7	2
4	3	7	2	6	9	5	1	8
2	8	9	5	7	1	4	6	3
6	9	2	7	8	5	1	3	4
1	5	3	6	9	4	8	2	7
7	4	8	3	1	2	6	9	5
3	6	5	1	2	8	7	4	9
9	2	1	4	5	7	3	8	6
8	7	4	9	3	6	2	5	1

32

2	9	1	7	3	8	4	6	5
4	3	5	2	9	6	8	1	7
8	7	6	1	4	5	2	9	3
3	8	2	6	7	4	9	5	1
9	1	4	5	2	3	7	8	6
6	5	7	8	1	9	3	4	2
5	6	9	3	8	2	1	7	4
7	2	8	4	6	1	5	3	9
1	4	3	9	5	7	6	2	8

33

7	4	8	9	1	5	2	3	6
2	1	5	6	4	3	8	7	9
9	3	6	8	2	7	4	5	1
6	2	7	3	5	1	9	8	4
3	8	4	2	7	9	1	6	5
5	9	1	4	6	8	3	2	7
8	5	3	7	9	4	6	1	2
4	7	2	1	8	6	5	9	3
1	6	9	5	3	2	7	4	8

34

2	3	6	9	4	1	8	5	7
4	7	1	2	8	5	6	3	9
8	9	5	6	7	3	1	2	4
9	2	4	1	6	7	3	8	5
6	8	7	5	3	4	9	1	2
5	1	3	8	9	2	7	4	6
1	6	2	7	5	8	4	9	3
3	5	9	4	1	6	2	7	8
7	4	8	3	2	9	5	6	1

35

1	8	4	3	5	9	6	7	2
5	6	3	2	7	4	8	9	1
9	7	2	1	8	6	3	5	4
7	9	5	8	6	1	4	2	3
3	4	1	5	9	2	7	8	6
6	2	8	7	4	3	9	1	5
2	5	7	4	3	8	1	6	9
8	3	6	9	1	5	2	4	7
4	1	9	6	2	7	5	3	8

36

6	1	5	7	2	9	4	8	3
4	8	3	6	1	5	7	9	2
7	9	2	8	3	4	6	5	1
2	3	7	5	6	8	1	4	9
1	6	4	2	9	3	8	7	5
8	5	9	1	4	7	2	3	6
3	7	1	9	8	6	5	2	4
9	2	8	4	5	1	3	6	7
5	4	6	3	7	2	9	1	8

37

5	8	3	1	6	7	4	2	9
1	9	7	3	2	4	5	8	6
6	2	4	5	8	9	3	1	7
7	4	6	2	9	3	8	5	1
2	3	9	8	1	5	7	6	4
8	1	5	7	4	6	9	3	2
9	5	2	6	7	8	1	4	3
3	7	1	4	5	2	6	9	8
4	6	8	9	3	1	2	7	5

38

5	1	4	3	7	2	6	9	8
3	2	6	9	8	1	4	5	7
9	7	8	6	4	5	2	3	1
1	3	9	5	6	8	7	2	4
6	5	7	1	2	4	9	8	3
8	4	2	7	3	9	1	6	5
2	8	5	4	1	6	3	7	9
7	6	1	8	9	3	5	4	2
4	9	3	2	5	7	8	1	6

39

8	5	6	3	2	1	9	4	7
9	4	3	5	6	7	2	1	8
1	2	7	9	4	8	3	6	5
7	1	4	8	3	9	5	2	6
6	3	9	4	5	2	8	7	1
2	8	5	7	1	6	4	3	9
4	6	1	2	8	5	7	9	3
5	7	2	6	9	3	1	8	4
3	9	8	1	7	4	6	5	2

40

7	3	1	5	6	8	2	9	4
9	4	8	3	7	2	6	5	1
6	2	5	1	4	9	3	7	8
5	8	7	6	2	1	4	3	9
3	9	6	4	5	7	8	1	2
4	1	2	9	8	3	5	6	7
1	7	4	2	3	6	9	8	5
8	5	3	7	9	4	1	2	6
2	6	9	8	1	5	7	4	3

41

5	7	9	8	1	2	4	3	6
8	4	6	7	5	3	9	2	1
3	2	1	4	6	9	7	8	5
6	5	8	9	4	1	2	7	3
7	3	2	6	8	5	1	4	9
1	9	4	2	3	7	6	5	8
9	6	3	5	7	4	8	1	2
4	8	5	1	2	6	3	9	7
2	1	7	3	9	8	5	6	4

42

9	1	2	8	5	4	7	3	6
8	3	4	2	7	6	5	9	1
6	7	5	1	3	9	8	4	2
2	4	7	3	8	5	1	6	9
1	9	3	6	4	7	2	5	8
5	8	6	9	1	2	4	7	3
4	6	1	5	2	3	9	8	7
3	5	8	7	9	1	6	2	4
7	2	9	4	6	8	3	1	5

43

6	1	2	9	4	5	8	7	3
4	5	8	3	2	7	9	6	1
3	9	7	6	1	8	5	4	2
7	6	1	5	9	2	3	8	4
8	3	9	1	6	4	7	2	5
5	2	4	8	7	3	6	1	9
2	8	3	7	5	1	4	9	6
1	7	6	4	3	9	2	5	8
9	4	5	2	8	6	1	3	7

44

5	6	7	9	3	4	1	8	2
4	8	2	6	7	1	5	3	9
1	3	9	8	2	5	7	4	6
3	4	6	5	8	7	9	2	1
9	5	8	3	1	2	4	6	7
7	2	1	4	9	6	3	5	8
2	1	3	7	4	8	6	9	5
6	7	4	2	5	9	8	1	3
8	9	5	1	6	3	2	7	4

45

8	6	5	3	7	1	2	4	9
9	3	4	2	8	5	1	6	7
2	1	7	9	6	4	8	3	5
6	9	3	5	4	8	7	1	2
5	4	1	7	3	2	9	8	6
7	8	2	6	1	9	4	5	3
1	7	6	8	2	3	5	9	4
4	2	9	1	5	6	3	7	8
3	5	8	4	9	7	6	2	1

46

3	6	1	5	9	8	2	4	7
7	9	2	4	1	3	5	6	8
4	8	5	2	6	7	1	9	3
9	3	8	6	7	1	4	2	5
1	7	4	3	2	5	9	8	6
2	5	6	8	4	9	7	3	1
6	1	9	7	8	2	3	5	4
8	2	3	1	5	4	6	7	9
5	4	7	9	3	6	8	1	2

47

8	7	9	5	6	4	3	1	2
3	4	5	9	2	1	7	8	6
2	6	1	7	3	8	4	9	5
5	9	3	1	4	6	8	2	7
1	2	4	3	8	7	5	6	9
6	8	7	2	5	9	1	3	4
7	1	2	8	9	5	6	4	3
9	5	6	4	1	3	2	7	8
4	3	8	6	7	2	9	5	1

48

3	6	2	4	8	7	9	1	5
1	8	9	6	3	5	2	7	4
4	7	5	1	2	9	8	6	3
2	5	3	8	7	6	4	9	1
6	1	4	2	9	3	7	5	8
7	9	8	5	4	1	3	2	6
5	3	7	9	1	8	6	4	2
8	4	6	7	5	2	1	3	9
9	2	1	3	6	4	5	8	7

49

7	2	1	3	8	6	4	5	9
5	6	4	1	9	7	8	3	2
3	8	9	2	4	5	1	7	6
6	4	5	9	7	1	3	2	8
2	3	7	8	5	4	9	6	1
1	9	8	6	2	3	5	4	7
9	7	2	5	3	8	6	1	4
8	5	6	4	1	2	7	9	3
4	1	3	7	6	9	2	8	5

50

5	9	3	6	4	8	1	7	2
4	2	8	7	5	1	9	3	6
1	6	7	3	2	9	5	8	4
9	8	1	4	7	3	6	2	5
6	4	2	9	8	5	3	1	7
7	3	5	2	1	6	4	9	8
2	5	9	1	6	7	8	4	3
8	1	4	5	3	2	7	6	9
3	7	6	8	9	4	2	5	1

51

3	5	8	7	4	9	2	1	6
6	2	4	5	1	8	9	7	3
1	9	7	2	6	3	4	8	5
9	7	6	1	5	4	3	2	8
5	4	1	8	3	2	7	6	9
8	3	2	6	9	7	1	5	4
7	6	9	3	8	1	5	4	2
2	8	3	4	7	5	6	9	1
4	1	5	9	2	6	8	3	7

52

1	2	7	8	5	9	3	4	6
9	6	5	7	3	4	8	2	1
4	8	3	6	1	2	7	9	5
3	5	8	4	2	7	6	1	9
6	7	1	9	8	5	4	3	2
2	9	4	3	6	1	5	7	8
7	4	2	5	9	8	1	6	3
8	3	9	1	4	6	2	5	7
5	1	6	2	7	3	9	8	4

53

9	6	4	1	8	5	7	3	2
2	3	7	4	9	6	8	5	1
1	8	5	3	7	2	9	4	6
4	5	3	7	2	9	6	1	8
7	2	1	8	6	3	5	9	4
8	9	6	5	4	1	2	7	3
3	7	8	6	5	4	1	2	9
6	4	2	9	1	7	3	8	5
5	1	9	2	3	8	4	6	7

54

1	5	2	7	3	8	6	9	4
9	7	4	1	5	6	3	8	2
3	6	8	9	2	4	7	5	1
8	1	9	4	7	5	2	6	3
6	3	5	2	8	1	9	4	7
4	2	7	6	9	3	8	1	5
5	4	3	8	6	7	1	2	9
7	9	6	5	1	2	4	3	8
2	8	1	3	4	9	5	7	6

55

1	5	3	7	2	8	4	9	6
8	9	6	4	1	3	7	5	2
7	2	4	9	6	5	8	1	3
6	8	2	1	5	4	9	3	7
9	7	5	3	8	2	6	4	1
4	3	1	6	7	9	5	2	8
2	1	9	8	4	6	3	7	5
5	4	8	2	3	7	1	6	9
3	6	7	5	9	1	2	8	4

56

6	3	4	9	5	2	8	7	1
9	7	2	1	8	6	4	3	5
8	1	5	3	7	4	9	6	2
7	2	1	6	3	9	5	8	4
4	6	3	5	2	8	7	1	9
5	8	9	7	4	1	3	2	6
1	4	6	8	9	7	2	5	3
2	5	7	4	6	3	1	9	8
3	9	8	2	1	5	6	4	7

57

6	2	7	1	3	9	8	4	5
1	9	4	6	8	5	7	3	2
5	8	3	4	7	2	6	9	1
3	7	9	5	1	8	4	2	6
2	6	5	3	4	7	1	8	9
4	1	8	9	2	6	3	5	7
8	4	2	7	5	1	9	6	3
9	3	1	2	6	4	5	7	8
7	5	6	8	9	3	2	1	4

58

9	4	5	3	2	1	8	6	7
3	7	2	8	6	9	5	4	1
6	1	8	5	4	7	3	2	9
1	6	7	2	5	8	4	9	3
2	5	9	4	1	3	7	8	6
4	8	3	9	7	6	2	1	5
7	2	6	1	8	5	9	3	4
8	3	1	7	9	4	6	5	2
5	9	4	6	3	2	1	7	8

59

6	5	9	1	8	4	3	7	2
2	4	7	6	5	3	8	9	1
1	3	8	7	9	2	6	4	5
3	6	1	9	4	5	2	8	7
8	2	5	3	7	1	9	6	4
9	7	4	8	2	6	1	5	3
4	1	2	5	6	9	7	3	8
5	8	6	2	3	7	4	1	9
7	9	3	4	1	8	5	2	6

60

8	4	7	2	6	5	3	9	1
1	3	9	7	8	4	6	5	2
5	2	6	3	9	1	8	7	4
4	5	1	6	7	2	9	8	3
2	7	3	9	4	8	1	6	5
6	9	8	1	5	3	2	4	7
9	8	2	4	3	7	5	1	6
3	6	4	5	1	9	7	2	8
7	1	5	8	2	6	4	3	9

61

4	3	5	9	2	1	8	7	6
7	9	2	5	6	8	4	1	3
6	8	1	4	7	3	2	9	5
3	2	7	6	5	4	9	8	1
5	6	8	7	1	9	3	2	4
1	4	9	8	3	2	5	6	7
8	1	6	2	4	5	7	3	9
2	7	4	3	9	6	1	5	8
9	5	3	1	8	7	6	4	2

62

7	6	4	5	9	3	8	2	1
8	5	2	7	4	1	3	9	6
1	9	3	6	2	8	7	4	5
5	3	1	9	8	4	2	6	7
2	4	8	1	7	6	5	3	9
9	7	6	3	5	2	1	8	4
3	1	9	2	6	7	4	5	8
4	2	5	8	1	9	6	7	3
6	8	7	4	3	5	9	1	2

63

1	9	6	7	2	8	4	5	3
3	2	4	6	1	5	8	9	7
8	7	5	4	3	9	1	2	6
7	3	2	5	4	1	6	8	9
9	6	8	2	7	3	5	1	4
4	5	1	8	9	6	3	7	2
6	4	9	1	8	2	7	3	5
5	1	3	9	6	7	2	4	8
2	8	7	3	5	4	9	6	1

64

4	2	6	3	7	9	5	1	8
8	9	3	2	1	5	7	6	4
5	1	7	6	8	4	9	2	3
9	8	1	5	6	3	4	7	2
3	5	4	1	2	7	6	8	9
6	7	2	4	9	8	3	5	1
2	4	9	8	5	6	1	3	7
1	3	5	7	4	2	8	9	6
7	6	8	9	3	1	2	4	5

65

7	3	1	5	4	6	9	2	8
9	6	2	1	3	8	5	7	4
5	8	4	7	9	2	3	1	6
4	9	8	3	2	1	6	5	7
6	2	5	4	8	7	1	9	3
1	7	3	9	6	5	4	8	2
8	5	7	6	1	3	2	4	9
2	4	6	8	5	9	7	3	1
3	1	9	2	7	4	8	6	5

66

2	1	8	3	7	9	6	4	5
7	9	4	2	5	6	8	3	1
6	3	5	1	8	4	2	7	9
8	7	3	9	6	5	1	2	4
5	6	2	7	4	1	3	9	8
1	4	9	8	3	2	5	6	7
9	8	6	4	1	3	7	5	2
4	5	1	6	2	7	9	8	3
3	2	7	5	9	8	4	1	6

67

6	7	4	3	9	2	5	1	8
8	3	5	1	4	7	6	2	9
1	9	2	6	8	5	3	4	7
4	2	3	9	1	6	8	7	5
7	5	6	2	3	8	4	9	1
9	8	1	5	7	4	2	6	3
2	1	9	4	5	3	7	8	6
3	4	7	8	6	9	1	5	2
5	6	8	7	2	1	9	3	4

68

5	7	3	1	4	8	6	9	2
8	2	4	7	6	9	1	5	3
6	9	1	3	2	5	8	7	4
9	5	8	2	7	3	4	1	6
2	1	7	6	5	4	9	3	8
3	4	6	8	9	1	5	2	7
1	8	5	4	3	7	2	6	9
4	3	2	9	1	6	7	8	5
7	6	9	5	8	2	3	4	1

69

3	4	8	5	6	1	2	9	7
5	6	2	9	4	7	3	8	1
7	1	9	8	2	3	4	6	5
4	7	1	2	8	5	6	3	9
8	5	3	1	9	6	7	2	4
2	9	6	3	7	4	1	5	8
1	3	4	6	5	9	8	7	2
6	8	5	7	1	2	9	4	3
9	2	7	4	3	8	5	1	6

70

1	9	5	6	8	7	3	2	4
6	8	3	4	2	9	5	7	1
2	7	4	1	3	5	8	9	6
5	4	7	2	1	3	6	8	9
8	2	1	5	9	6	7	4	3
3	6	9	8	7	4	1	5	2
4	5	8	9	6	1	2	3	7
9	3	6	7	5	2	4	1	8
7	1	2	3	4	8	9	6	5

71

7	2	4	6	3	5	9	8	1
6	5	1	9	2	8	3	7	4
3	8	9	7	4	1	5	2	6
4	7	8	3	5	6	2	1	9
5	9	6	4	1	2	8	3	7
1	3	2	8	7	9	6	4	5
2	1	7	5	6	3	4	9	8
9	4	5	2	8	7	1	6	3
8	6	3	1	9	4	7	5	2

72

5	1	2	7	3	8	4	9	6
3	7	4	1	6	9	5	8	2
8	9	6	2	5	4	7	3	1
4	2	5	3	1	6	8	7	9
6	3	7	9	8	5	1	2	4
1	8	9	4	7	2	3	6	5
7	4	8	6	9	1	2	5	3
2	6	3	5	4	7	9	1	8
9	5	1	8	2	3	6	4	7

73

3	5	9	2	1	6	8	7	4
4	7	6	9	5	8	3	2	1
1	2	8	3	4	7	9	5	6
2	1	5	4	9	3	6	8	7
7	6	4	8	2	1	5	9	3
8	9	3	6	7	5	4	1	2
6	3	1	5	8	2	7	4	9
9	8	7	1	6	4	2	3	5
5	4	2	7	3	9	1	6	8

74

9	6	4	3	7	2	8	5	1
5	2	8	9	4	1	7	6	3
1	7	3	8	6	5	2	4	9
7	3	5	1	8	9	4	2	6
4	1	9	5	2	6	3	7	8
2	8	6	7	3	4	9	1	5
8	4	7	6	5	3	1	9	2
6	9	2	4	1	8	5	3	7
3	5	1	2	9	7	6	8	4

75

4	5	2	7	9	1	8	6	3
9	3	7	5	8	6	2	1	4
1	8	6	3	4	2	7	5	9
6	1	5	2	7	4	3	9	8
3	7	8	9	6	5	4	2	1
2	9	4	8	1	3	5	7	6
5	6	9	4	3	7	1	8	2
7	4	1	6	2	8	9	3	5
8	2	3	1	5	9	6	4	7

76

5	8	9	3	7	2	4	1	6
3	4	1	6	8	9	5	7	2
2	7	6	1	5	4	3	9	8
1	5	3	7	4	6	8	2	9
8	6	4	2	9	5	1	3	7
7	9	2	8	1	3	6	5	4
6	3	8	9	2	1	7	4	5
4	2	7	5	3	8	9	6	1
9	1	5	4	6	7	2	8	3

77

9	6	3	5	7	4	1	8	2
7	8	5	3	2	1	6	4	9
1	2	4	8	6	9	7	3	5
3	7	1	4	8	5	2	9	6
8	4	2	9	1	6	3	5	7
5	9	6	7	3	2	4	1	8
2	1	8	6	5	3	9	7	4
6	5	9	1	4	7	8	2	3
4	3	7	2	9	8	5	6	1

78

7	1	3	8	5	9	6	4	2
9	4	8	6	1	2	3	5	7
6	2	5	3	7	4	8	1	9
8	7	1	2	4	5	9	6	3
2	9	4	7	3	6	1	8	5
5	3	6	9	8	1	2	7	4
1	5	2	4	6	3	7	9	8
4	8	9	1	2	7	5	3	6
3	6	7	5	9	8	4	2	1

79

5	3	8	6	1	2	4	7	9
7	9	1	4	5	3	6	2	8
4	6	2	7	9	8	1	3	5
2	4	5	9	6	7	3	8	1
1	8	3	2	4	5	7	9	6
6	7	9	3	8	1	5	4	2
3	1	6	8	2	4	9	5	7
8	5	7	1	3	9	2	6	4
9	2	4	5	7	6	8	1	3

80

8	7	3	4	2	6	9	5	1
4	2	5	3	9	1	6	7	8
6	9	1	7	8	5	3	4	2
5	1	8	2	4	9	7	3	6
2	3	6	1	5	7	4	8	9
7	4	9	6	3	8	2	1	5
3	5	2	8	6	4	1	9	7
1	8	4	9	7	2	5	6	3
9	6	7	5	1	3	8	2	4

81

4	7	6	8	2	1	3	9	5
3	2	1	5	4	9	7	6	8
9	8	5	7	6	3	1	2	4
1	9	8	3	5	7	6	4	2
7	3	4	2	9	6	5	8	1
6	5	2	1	8	4	9	3	7
5	6	9	4	1	2	8	7	3
2	1	3	6	7	8	4	5	9
8	4	7	9	3	5	2	1	6

82

1	8	9	2	6	4	3	7	5
2	5	7	9	8	3	6	4	1
4	3	6	1	7	5	8	9	2
6	1	2	4	3	9	7	5	8
5	7	4	8	2	1	9	3	6
3	9	8	7	5	6	1	2	4
9	6	3	5	1	2	4	8	7
7	4	5	6	9	8	2	1	3
8	2	1	3	4	7	5	6	9

83

8	1	7	3	5	4	6	2	9
2	6	5	9	1	7	8	4	3
9	3	4	2	6	8	5	1	7
4	5	3	7	8	2	9	6	1
6	2	8	1	4	9	7	3	5
1	7	9	6	3	5	2	8	4
3	8	6	5	9	1	4	7	2
5	4	2	8	7	3	1	9	6
7	9	1	4	2	6	3	5	8

84

2	4	3	5	9	7	6	1	8
6	1	8	2	4	3	7	5	9
7	9	5	8	1	6	3	4	2
8	2	9	7	3	5	1	6	4
3	5	4	6	2	1	8	9	7
1	6	7	9	8	4	2	3	5
5	8	6	3	7	9	4	2	1
4	3	2	1	5	8	9	7	6
9	7	1	4	6	2	5	8	3

85

5	4	3	8	9	7	6	2	1
7	8	2	1	6	5	4	3	9
9	1	6	2	3	4	8	5	7
6	3	9	5	8	1	7	4	2
2	7	8	9	4	3	1	6	5
1	5	4	6	7	2	9	8	3
4	2	5	7	1	6	3	9	8
8	6	1	3	5	9	2	7	4
3	9	7	4	2	8	5	1	6

86

3	1	5	4	8	2	6	9	7
7	9	4	3	6	5	1	8	2
8	2	6	1	7	9	5	4	3
9	8	1	6	4	7	3	2	5
4	5	2	9	3	1	7	6	8
6	7	3	5	2	8	9	1	4
2	4	9	7	1	3	8	5	6
1	6	7	8	5	4	2	3	9
5	3	8	2	9	6	4	7	1

87

3	9	2	1	8	6	4	7	5
4	8	1	7	2	5	3	6	9
5	7	6	9	3	4	2	1	8
9	5	8	2	1	3	7	4	6
2	6	3	5	4	7	9	8	1
7	1	4	8	6	9	5	2	3
6	3	7	4	9	1	8	5	2
8	4	9	6	5	2	1	3	7
1	2	5	3	7	8	6	9	4

88

8	5	2	3	7	4	1	6	9
6	3	4	2	1	9	8	5	7
9	1	7	6	8	5	4	3	2
4	2	9	7	3	8	5	1	6
5	6	1	4	9	2	3	7	8
7	8	3	5	6	1	9	2	4
2	7	8	1	4	3	6	9	5
1	4	6	9	5	7	2	8	3
3	9	5	8	2	6	7	4	1

89

8	4	9	3	1	5	7	6	2
2	6	7	8	9	4	1	3	5
3	1	5	7	6	2	8	4	9
9	8	1	5	4	3	6	2	7
4	5	6	2	7	1	3	9	8
7	3	2	6	8	9	4	5	1
6	9	3	1	2	8	5	7	4
5	2	8	4	3	7	9	1	6
1	7	4	9	5	6	2	8	3

90

7	5	9	8	6	3	1	2	4
2	8	1	4	9	7	5	6	3
6	4	3	5	1	2	8	9	7
9	2	8	6	5	4	3	7	1
4	7	6	2	3	1	9	5	8
1	3	5	7	8	9	6	4	2
3	1	4	9	2	5	7	8	6
5	6	7	1	4	8	2	3	9
8	9	2	3	7	6	4	1	5

91

3	5	2	9	4	7	1	8	6
8	7	4	5	6	1	3	9	2
9	6	1	2	3	8	7	4	5
5	2	9	3	1	6	8	7	4
7	3	8	4	9	5	2	6	1
1	4	6	7	8	2	9	5	3
2	9	3	8	5	4	6	1	7
4	1	7	6	2	9	5	3	8
6	8	5	1	7	3	4	2	9

92

8	4	2	5	9	7	6	3	1
5	9	7	1	6	3	8	4	2
1	6	3	4	8	2	9	5	7
7	3	6	9	2	1	4	8	5
2	1	4	3	5	8	7	6	9
9	8	5	6	7	4	1	2	3
4	2	9	7	3	6	5	1	8
3	5	1	8	4	9	2	7	6
6	7	8	2	1	5	3	9	4

93

4	1	6	9	2	5	8	7	3
5	2	9	8	3	7	6	1	4
3	8	7	4	6	1	5	2	9
9	7	8	2	1	3	4	6	5
1	5	3	6	7	4	2	9	8
6	4	2	5	8	9	1	3	7
2	3	1	7	4	8	9	5	6
8	6	5	3	9	2	7	4	1
7	9	4	1	5	6	3	8	2

94

9	8	6	7	4	2	1	5	3
7	4	3	5	1	9	8	2	6
2	1	5	3	6	8	7	4	9
3	9	1	4	2	6	5	8	7
4	2	7	9	8	5	6	3	1
6	5	8	1	7	3	4	9	2
5	6	2	8	3	1	9	7	4
1	7	9	2	5	4	3	6	8
8	3	4	6	9	7	2	1	5

95

4	5	7	1	8	6	2	3	9
9	2	3	7	5	4	1	8	6
6	1	8	3	2	9	4	7	5
5	3	9	4	6	2	7	1	8
8	6	1	9	7	3	5	2	4
7	4	2	5	1	8	9	6	3
2	7	4	8	3	5	6	9	1
1	8	5	6	9	7	3	4	2
3	9	6	2	4	1	8	5	7

96

2	9	5	7	1	4	8	3	6
4	7	6	3	5	8	2	1	9
3	1	8	2	6	9	5	4	7
9	6	3	5	7	2	4	8	1
8	4	1	9	3	6	7	5	2
5	2	7	4	8	1	6	9	3
7	8	4	1	2	3	9	6	5
1	5	9	6	4	7	3	2	8
6	3	2	8	9	5	1	7	4

97

6	8	1	9	4	2	7	5	3
4	5	3	6	7	1	8	2	9
2	7	9	5	8	3	6	1	4
9	6	4	1	5	8	3	7	2
5	3	2	7	6	9	1	4	8
8	1	7	3	2	4	9	6	5
1	4	6	8	3	5	2	9	7
7	2	8	4	9	6	5	3	1
3	9	5	2	1	7	4	8	6

98

9	7	3	8	5	1	4	2	6
5	2	8	4	6	7	3	9	1
4	1	6	9	3	2	8	5	7
1	6	9	7	4	5	2	8	3
2	3	5	1	9	8	6	7	4
7	8	4	6	2	3	5	1	9
8	5	1	3	7	4	9	6	2
6	4	2	5	1	9	7	3	8
3	9	7	2	8	6	1	4	5

99

1	7	6	5	3	2	4	8	9
5	9	3	7	8	4	6	1	2
8	4	2	9	1	6	7	5	3
6	8	7	4	5	3	2	9	1
4	5	1	8	2	9	3	7	6
3	2	9	1	6	7	8	4	5
7	3	4	6	9	5	1	2	8
9	6	8	2	4	1	5	3	7
2	1	5	3	7	8	9	6	4

100

1	5	6	7	4	9	2	3	8
2	8	7	6	1	3	4	5	9
3	9	4	5	8	2	1	7	6
8	7	9	1	2	4	5	6	3
6	1	2	8	3	5	9	4	7
4	3	5	9	6	7	8	1	2
9	2	3	4	5	6	7	8	1
5	6	1	2	7	8	3	9	4
7	4	8	3	9	1	6	2	5

101

3	5	4	8	1	2	9	6	7
6	1	7	3	5	9	8	4	2
9	2	8	7	6	4	5	1	3
4	6	5	1	8	3	7	2	9
1	8	9	2	4	7	3	5	6
7	3	2	5	9	6	1	8	4
5	9	3	4	2	8	6	7	1
2	7	1	6	3	5	4	9	8
8	4	6	9	7	1	2	3	5

102

5	1	2	4	8	7	9	3	6
8	3	4	2	6	9	5	7	1
7	6	9	5	3	1	2	8	4
6	2	7	3	9	4	1	5	8
3	5	8	7	1	6	4	9	2
9	4	1	8	5	2	7	6	3
2	8	3	1	7	5	6	4	9
1	7	6	9	4	3	8	2	5
4	9	5	6	2	8	3	1	7

103

5	4	9	6	2	3	8	7	1
3	7	2	9	1	8	5	4	6
1	6	8	4	7	5	9	3	2
2	1	4	8	3	6	7	9	5
8	9	5	1	4	7	6	2	3
7	3	6	5	9	2	4	1	8
9	8	3	2	5	4	1	6	7
4	5	7	3	6	1	2	8	9
6	2	1	7	8	9	3	5	4

104

6	3	9	1	5	2	7	8	4
8	7	5	9	3	4	2	1	6
1	4	2	7	8	6	5	9	3
5	9	8	2	6	7	3	4	1
4	2	6	8	1	3	9	5	7
7	1	3	5	4	9	8	6	2
2	6	1	3	9	5	4	7	8
3	5	4	6	7	8	1	2	9
9	8	7	4	2	1	6	3	5

105

6	8	1	2	5	7	4	3	9
5	2	9	8	4	3	7	1	6
3	4	7	6	1	9	2	8	5
8	9	4	1	7	5	6	2	3
7	5	6	9	3	2	8	4	1
2	1	3	4	8	6	5	9	7
1	6	2	5	9	8	3	7	4
4	3	8	7	6	1	9	5	2
9	7	5	3	2	4	1	6	8

106

1	6	7	5	8	3	9	4	2
3	4	2	1	9	6	8	7	5
9	8	5	4	2	7	3	6	1
4	1	8	7	5	9	6	2	3
5	9	3	2	6	8	7	1	4
2	7	6	3	4	1	5	8	9
7	2	9	6	3	4	1	5	8
6	3	4	8	1	5	2	9	7
8	5	1	9	7	2	4	3	6

107

5	9	4	3	8	1	7	2	6
7	2	3	4	9	6	8	5	1
6	1	8	7	5	2	3	4	9
4	5	2	9	6	8	1	7	3
8	6	7	1	2	3	4	9	5
9	3	1	5	7	4	2	6	8
2	7	6	8	1	5	9	3	4
3	8	5	2	4	9	6	1	7
1	4	9	6	3	7	5	8	2

108

6	5	2	4	8	3	7	9	1
4	7	1	2	9	5	3	6	8
3	8	9	6	1	7	4	2	5
2	1	7	8	5	4	9	3	6
8	9	4	1	3	6	2	5	7
5	6	3	9	7	2	1	8	4
9	3	5	7	4	8	6	1	2
7	2	8	3	6	1	5	4	9
1	4	6	5	2	9	8	7	3

109

1	5	3	6	9	2	4	7	8
6	8	7	5	1	4	2	9	3
9	2	4	7	3	8	1	5	6
4	7	5	1	6	3	9	8	2
3	1	2	4	8	9	7	6	5
8	9	6	2	7	5	3	4	1
2	3	8	9	5	7	6	1	4
5	6	9	3	4	1	8	2	7
7	4	1	8	2	6	5	3	9

110

9	5	6	8	4	1	3	2	7
7	2	8	5	6	3	4	9	1
3	4	1	2	7	9	6	5	8
6	8	7	1	2	4	9	3	5
1	9	2	7	3	5	8	6	4
4	3	5	9	8	6	1	7	2
8	7	3	6	1	2	5	4	9
2	6	9	4	5	8	7	1	3
5	1	4	3	9	7	2	8	6

111

2	3	9	8	5	7	1	6	4
7	5	6	4	1	3	9	8	2
4	1	8	2	9	6	7	3	5
9	8	5	1	6	2	4	7	3
6	7	2	9	3	4	8	5	1
3	4	1	5	7	8	2	9	6
1	9	4	6	8	5	3	2	7
8	6	7	3	2	1	5	4	9
5	2	3	7	4	9	6	1	8

112

9	7	5	3	6	4	1	2	8
3	8	4	7	1	2	5	9	6
6	1	2	5	9	8	7	4	3
2	9	8	4	5	6	3	7	1
7	4	6	9	3	1	2	8	5
5	3	1	2	8	7	9	6	4
4	2	3	8	7	5	6	1	9
1	5	7	6	4	9	8	3	2
8	6	9	1	2	3	4	5	7

113

4	7	6	1	2	3	8	5	9
1	2	3	9	5	8	4	7	6
8	9	5	7	4	6	2	3	1
2	6	1	4	3	7	5	9	8
5	8	7	6	1	9	3	2	4
3	4	9	5	8	2	6	1	7
6	5	8	2	7	1	9	4	3
7	3	2	8	9	4	1	6	5
9	1	4	3	6	5	7	8	2

114

3	8	5	9	2	6	7	1	4
9	7	1	8	4	3	2	5	6
6	2	4	7	5	1	9	3	8
5	3	2	6	9	8	4	7	1
7	9	8	3	1	4	5	6	2
1	4	6	5	7	2	8	9	3
8	6	7	2	3	5	1	4	9
4	5	3	1	8	9	6	2	7
2	1	9	4	6	7	3	8	5

115

4	6	3	5	7	9	8	1	2
7	8	2	4	1	3	6	9	5
9	5	1	2	6	8	4	3	7
6	9	8	7	5	1	2	4	3
5	1	4	3	9	2	7	8	6
3	2	7	8	4	6	1	5	9
8	4	6	9	3	7	5	2	1
2	7	9	1	8	5	3	6	4
1	3	5	6	2	4	9	7	8

116

5	2	7	6	3	9	8	1	4
6	1	9	4	7	8	5	3	2
3	4	8	2	5	1	7	6	9
8	5	6	1	2	4	3	9	7
9	3	2	7	6	5	4	8	1
4	7	1	9	8	3	2	5	6
7	9	3	8	4	6	1	2	5
1	8	4	5	9	2	6	7	3
2	6	5	3	1	7	9	4	8

117

9	7	6	2	5	1	4	8	3
4	5	1	9	3	8	2	7	6
3	8	2	7	6	4	1	9	5
7	3	8	4	2	9	6	5	1
5	1	4	6	7	3	8	2	9
6	2	9	8	1	5	7	3	4
1	4	3	5	8	7	9	6	2
8	6	5	1	9	2	3	4	7
2	9	7	3	4	6	5	1	8

118

2	7	5	4	3	6	8	1	9
8	1	3	2	9	5	4	7	6
6	9	4	8	7	1	2	3	5
9	4	2	3	5	8	1	6	7
5	3	6	1	4	7	9	2	8
7	8	1	9	6	2	5	4	3
3	2	9	7	8	4	6	5	1
1	6	7	5	2	9	3	8	4
4	5	8	6	1	3	7	9	2

119

8	7	9	3	1	6	4	2	5
6	5	4	7	2	8	1	3	9
2	3	1	5	4	9	8	7	6
4	1	2	6	8	5	7	9	3
5	8	3	1	9	7	6	4	2
7	9	6	2	3	4	5	8	1
1	6	8	9	7	2	3	5	4
9	4	5	8	6	3	2	1	7
3	2	7	4	5	1	9	6	8

120

4	7	8	2	9	1	5	6	3
9	2	1	6	5	3	4	7	8
5	6	3	4	7	8	2	1	9
8	1	5	9	4	6	7	3	2
6	3	7	8	1	2	9	4	5
2	4	9	7	3	5	6	8	1
1	8	6	5	2	4	3	9	7
3	9	2	1	6	7	8	5	4
7	5	4	3	8	9	1	2	6

121

9	4	3	2	1	8	5	7	6
1	8	7	4	6	5	3	9	2
2	5	6	9	3	7	1	4	8
5	1	8	7	4	6	2	3	9
3	6	2	5	9	1	4	8	7
4	7	9	8	2	3	6	1	5
8	3	1	6	7	2	9	5	4
6	9	5	3	8	4	7	2	1
7	2	4	1	5	9	8	6	3

122

7	1	2	5	3	8	4	6	9
6	5	9	2	4	1	8	3	7
3	8	4	7	9	6	2	1	5
9	6	3	1	8	7	5	4	2
8	7	1	4	5	2	6	9	3
4	2	5	9	6	3	1	7	8
2	9	8	3	1	4	7	5	6
1	3	7	6	2	5	9	8	4
5	4	6	8	7	9	3	2	1

123

4	7	6	5	8	9	1	3	2
9	8	1	4	2	3	7	6	5
2	5	3	6	7	1	9	8	4
1	3	4	7	6	2	8	5	9
8	9	2	1	5	4	6	7	3
7	6	5	3	9	8	2	4	1
3	4	7	2	1	6	5	9	8
6	2	9	8	3	5	4	1	7
5	1	8	9	4	7	3	2	6

124

5	4	2	9	3	1	6	7	8
8	3	7	5	6	4	9	1	2
6	1	9	8	2	7	5	3	4
3	2	1	7	9	8	4	5	6
4	6	8	2	5	3	1	9	7
7	9	5	1	4	6	8	2	3
9	8	3	6	1	2	7	4	5
1	7	4	3	8	5	2	6	9
2	5	6	4	7	9	3	8	1

125

1	9	7	6	3	5	2	4	8
8	3	6	2	1	4	5	7	9
2	5	4	8	7	9	6	1	3
6	2	3	5	9	7	4	8	1
9	4	5	3	8	1	7	2	6
7	1	8	4	6	2	3	9	5
4	8	1	7	5	6	9	3	2
5	7	9	1	2	3	8	6	4
3	6	2	9	4	8	1	5	7

126

7	1	3	4	8	9	6	5	2
9	4	6	7	2	5	1	3	8
8	2	5	3	1	6	9	4	7
3	5	8	9	4	7	2	1	6
4	9	1	5	6	2	8	7	3
6	7	2	1	3	8	4	9	5
5	6	4	2	7	1	3	8	9
2	3	7	8	9	4	5	6	1
1	8	9	6	5	3	7	2	4

127

7	9	2	1	4	6	5	8	3
8	5	6	2	9	3	1	4	7
1	3	4	5	7	8	6	2	9
3	2	7	4	5	9	8	6	1
6	1	5	7	8	2	3	9	4
4	8	9	3	6	1	7	5	2
5	4	1	6	2	7	9	3	8
2	7	8	9	3	5	4	1	6
9	6	3	8	1	4	2	7	5

128

7	3	8	5	4	6	1	2	9
4	6	1	9	7	2	5	3	8
5	9	2	3	8	1	4	7	6
1	5	7	6	2	9	8	4	3
2	8	6	4	1	3	7	9	5
9	4	3	8	5	7	2	6	1
3	1	4	2	9	8	6	5	7
8	2	9	7	6	5	3	1	4
6	7	5	1	3	4	9	8	2

129

2	5	3	6	9	1	4	8	7
4	9	8	2	3	7	1	5	6
1	6	7	3	4	8	5	2	9
9	7	1	4	6	5	2	3	8
8	4	6	1	2	3	9	7	5
5	3	2	7	8	9	6	1	4
3	1	4	8	5	6	7	9	2
7	2	5	9	1	4	8	6	3
6	8	9	3	7	2	5	4	1

130

8	7	1	9	3	2	5	6	4
4	9	2	8	6	5	7	3	1
5	3	6	1	4	7	8	2	9
1	4	5	6	8	3	2	9	7
2	8	9	4	7	1	6	5	3
3	6	7	5	2	9	1	4	8
9	1	3	7	5	6	4	8	2
7	5	8	2	9	4	3	1	6
6	2	4	3	1	8	9	7	5

131

8	9	5	2	3	6	1	7	4
2	3	4	9	7	1	6	8	5
7	6	1	5	8	4	9	3	2
5	8	9	4	6	7	2	1	3
3	2	6	8	1	5	7	4	9
4	1	7	3	9	2	5	6	8
6	5	2	1	4	3	8	9	7
9	7	3	6	5	8	4	2	1
1	4	8	7	2	9	3	5	6

132

2	9	6	7	3	8	1	4	5
3	1	8	6	5	4	2	7	9
4	7	5	9	1	2	3	8	6
7	3	4	1	6	5	8	9	2
6	5	9	8	2	3	7	1	4
1	8	2	4	9	7	5	6	3
8	4	3	5	7	9	6	2	1
5	6	7	2	4	1	9	3	8
9	2	1	3	8	6	4	5	7

133

3	1	4	5	6	7	2	8	9
6	9	2	4	3	8	5	7	1
8	7	5	2	1	9	4	6	3
2	6	9	3	5	1	7	4	8
7	4	1	6	8	2	3	9	5
5	8	3	7	9	4	6	1	2
9	2	6	1	4	5	8	3	7
1	3	7	8	2	6	9	5	4
4	5	8	9	7	3	1	2	6

134

9	3	1	5	6	8	2	7	4
8	2	6	1	4	7	3	9	5
5	4	7	2	3	9	6	8	1
1	8	4	3	2	5	9	6	7
7	5	2	9	8	6	1	4	3
3	6	9	4	7	1	5	2	8
4	7	5	6	9	3	8	1	2
6	1	8	7	5	2	4	3	9
2	9	3	8	1	4	7	5	6

135

3	8	2	5	4	7	1	9	6
4	6	9	1	3	8	2	5	7
1	7	5	9	6	2	4	3	8
8	9	6	3	2	4	5	7	1
7	4	3	6	5	1	8	2	9
5	2	1	7	8	9	3	6	4
2	5	8	4	9	6	7	1	3
6	1	4	2	7	3	9	8	5
9	3	7	8	1	5	6	4	2

136

5	2	8	4	1	3	7	6	9
6	1	4	5	9	7	3	2	8
3	7	9	2	6	8	1	5	4
4	5	3	8	2	1	6	9	7
7	6	1	3	4	9	2	8	5
9	8	2	6	7	5	4	1	3
8	4	5	1	3	6	9	7	2
2	9	6	7	5	4	8	3	1
1	3	7	9	8	2	5	4	6

137

5	4	3	9	1	6	7	8	2
1	8	7	5	2	3	9	6	4
2	6	9	7	8	4	5	3	1
3	7	4	6	9	8	1	2	5
6	5	2	3	4	1	8	9	7
9	1	8	2	5	7	3	4	6
8	9	1	4	7	2	6	5	3
7	2	6	8	3	5	4	1	9
4	3	5	1	6	9	2	7	8

138

6	5	3	2	9	8	1	4	7
8	4	2	1	7	5	9	3	6
7	1	9	3	6	4	2	8	5
9	8	7	5	2	1	4	6	3
4	2	5	8	3	6	7	9	1
1	3	6	7	4	9	8	5	2
3	9	4	6	1	7	5	2	8
2	7	8	9	5	3	6	1	4
5	6	1	4	8	2	3	7	9

139

3	5	1	9	7	6	4	2	8
7	2	9	3	8	4	1	6	5
8	4	6	5	2	1	9	3	7
2	1	3	6	9	8	7	5	4
4	9	8	2	5	7	3	1	6
5	6	7	1	4	3	8	9	2
6	8	2	7	1	9	5	4	3
9	3	4	8	6	5	2	7	1
1	7	5	4	3	2	6	8	9

140

2	6	4	7	8	1	3	9	5
1	8	9	5	2	3	7	4	6
5	7	3	6	9	4	2	1	8
4	5	8	3	1	9	6	7	2
9	3	1	2	7	6	8	5	4
6	2	7	4	5	8	9	3	1
8	9	6	1	4	7	5	2	3
7	1	2	8	3	5	4	6	9
3	4	5	9	6	2	1	8	7

141

1	5	8	7	6	9	3	2	4
7	3	4	5	8	2	9	6	1
6	2	9	1	3	4	5	8	7
2	8	6	9	7	1	4	5	3
9	1	5	2	4	3	6	7	8
4	7	3	6	5	8	2	1	9
8	9	1	3	2	6	7	4	5
5	4	2	8	9	7	1	3	6
3	6	7	4	1	5	8	9	2

142

6	8	9	7	2	3	1	5	4
2	4	7	8	5	1	6	3	9
5	3	1	9	4	6	7	2	8
9	5	2	1	6	4	8	7	3
7	6	4	5	3	8	2	9	1
3	1	8	2	9	7	4	6	5
1	2	5	6	8	9	3	4	7
8	9	3	4	7	2	5	1	6
4	7	6	3	1	5	9	8	2

143

5	6	4	7	3	8	9	1	2
2	7	8	1	9	5	6	3	4
1	9	3	4	2	6	5	8	7
4	8	7	9	6	3	2	5	1
9	5	2	8	1	4	7	6	3
6	3	1	2	5	7	4	9	8
3	4	5	6	7	1	8	2	9
7	1	9	5	8	2	3	4	6
8	2	6	3	4	9	1	7	5

144

4	3	9	7	8	6	5	1	2
6	2	8	9	1	5	3	7	4
1	5	7	3	4	2	6	8	9
5	6	2	8	7	9	1	4	3
8	1	4	5	6	3	9	2	7
9	7	3	4	2	1	8	5	6
3	8	6	2	5	7	4	9	1
2	4	1	6	9	8	7	3	5
7	9	5	1	3	4	2	6	8

145

8	1	5	6	4	2	7	3	9
6	9	7	5	3	1	2	4	8
4	2	3	9	7	8	5	1	6
9	6	8	7	5	3	1	2	4
7	5	4	1	2	9	6	8	3
1	3	2	8	6	4	9	5	7
2	8	1	3	9	6	4	7	5
3	7	9	4	1	5	8	6	2
5	4	6	2	8	7	3	9	1

146

5	3	9	1	7	4	8	2	6
8	7	6	5	9	2	3	4	1
2	1	4	8	3	6	9	7	5
9	4	5	2	1	3	6	8	7
3	6	7	4	8	9	1	5	2
1	8	2	6	5	7	4	3	9
6	5	1	3	2	8	7	9	4
4	9	3	7	6	5	2	1	8
7	2	8	9	4	1	5	6	3

147

6	3	2	4	7	1	8	9	5
8	1	4	6	9	5	7	2	3
7	9	5	8	2	3	1	4	6
1	2	3	7	4	9	6	5	8
5	6	8	1	3	2	9	7	4
4	7	9	5	6	8	3	1	2
3	8	7	2	1	4	5	6	9
9	4	6	3	5	7	2	8	1
2	5	1	9	8	6	4	3	7

148

3	2	1	5	8	6	7	4	9
4	5	7	1	2	9	6	8	3
8	6	9	4	3	7	2	1	5
6	1	2	7	5	3	8	9	4
7	3	4	2	9	8	5	6	1
9	8	5	6	1	4	3	7	2
1	4	3	8	6	5	9	2	7
2	9	8	3	7	1	4	5	6
5	7	6	9	4	2	1	3	8

149

1	7	4	5	2	3	6	8	9
5	3	6	4	9	8	7	1	2
8	9	2	7	6	1	5	4	3
4	8	9	2	5	7	3	6	1
6	5	3	1	8	9	4	2	7
7	2	1	3	4	6	9	5	8
3	1	5	8	7	4	2	9	6
9	4	8	6	3	2	1	7	5
2	6	7	9	1	5	8	3	4

150

3	8	9	4	6	1	5	7	2
7	4	5	8	2	9	6	3	1
2	6	1	5	7	3	9	8	4
1	9	7	3	8	5	4	2	6
8	3	2	6	9	4	7	1	5
4	5	6	7	1	2	8	9	3
5	7	4	2	3	8	1	6	9
6	1	3	9	4	7	2	5	8
9	2	8	1	5	6	3	4	7

151

3	1	9	6	7	8	4	2	5
6	5	8	4	2	3	7	1	9
7	2	4	9	1	5	3	6	8
5	7	3	8	4	6	2	9	1
4	8	6	1	9	2	5	3	7
1	9	2	5	3	7	8	4	6
8	3	5	2	6	9	1	7	4
9	4	7	3	8	1	6	5	2
2	6	1	7	5	4	9	8	3

152

8	3	5	7	1	2	6	4	9
6	7	4	3	9	8	1	2	5
9	1	2	4	6	5	8	7	3
1	9	3	8	7	4	5	6	2
7	5	8	1	2	6	3	9	4
4	2	6	5	3	9	7	1	8
3	4	1	2	8	7	9	5	6
2	8	9	6	5	1	4	3	7
5	6	7	9	4	3	2	8	1

153

5	9	7	3	6	8	4	2	1
3	6	1	4	9	2	7	5	8
2	4	8	5	1	7	6	9	3
6	5	9	8	4	3	2	1	7
4	1	2	9	7	5	3	8	6
8	7	3	1	2	6	5	4	9
9	2	6	7	5	1	8	3	4
7	8	4	2	3	9	1	6	5
1	3	5	6	8	4	9	7	2

154

2	8	9	1	7	4	5	6	3
1	7	3	2	5	6	9	8	4
4	6	5	8	9	3	1	2	7
7	2	8	3	6	1	4	9	5
3	4	1	9	2	5	6	7	8
5	9	6	7	4	8	3	1	2
9	3	4	6	8	2	7	5	1
6	1	2	5	3	7	8	4	9
8	5	7	4	1	9	2	3	6

155

4	7	2	1	9	6	3	8	5
8	3	5	7	2	4	6	9	1
9	1	6	5	3	8	4	7	2
5	4	1	3	8	7	2	6	9
3	9	8	2	6	5	1	4	7
6	2	7	9	4	1	5	3	8
2	5	4	6	7	9	8	1	3
7	8	3	4	1	2	9	5	6
1	6	9	8	5	3	7	2	4

156

3	7	5	4	8	1	9	6	2
4	1	8	2	9	6	7	3	5
9	2	6	3	7	5	4	1	8
5	9	4	1	3	8	2	7	6
8	3	7	5	6	2	1	4	9
1	6	2	9	4	7	8	5	3
2	8	1	6	5	4	3	9	7
7	5	3	8	1	9	6	2	4
6	4	9	7	2	3	5	8	1

157

9	8	3	4	2	1	5	7	6
1	5	7	6	9	8	4	2	3
4	6	2	3	5	7	8	1	9
5	1	4	9	3	2	7	6	8
7	9	8	1	6	5	2	3	4
3	2	6	8	7	4	9	5	1
8	3	5	2	1	9	6	4	7
2	4	1	7	8	6	3	9	5
6	7	9	5	4	3	1	8	2

158

2	7	1	9	4	5	3	8	6
6	5	4	1	3	8	9	2	7
3	8	9	6	2	7	4	1	5
1	9	3	8	7	6	2	5	4
8	4	5	2	9	1	6	7	3
7	6	2	3	5	4	1	9	8
4	3	8	7	1	9	5	6	2
9	2	6	5	8	3	7	4	1
5	1	7	4	6	2	8	3	9

159

5	9	8	1	7	6	4	3	2
2	1	6	8	4	3	7	5	9
3	7	4	9	2	5	6	8	1
6	3	7	4	9	1	8	2	5
1	2	9	5	6	8	3	4	7
4	8	5	2	3	7	1	9	6
9	6	1	3	5	4	2	7	8
8	5	3	7	1	2	9	6	4
7	4	2	6	8	9	5	1	3

160

9	2	1	3	8	7	5	4	6
5	7	6	9	4	1	2	3	8
4	8	3	6	2	5	7	9	1
6	3	4	8	1	2	9	7	5
7	9	2	4	5	6	8	1	3
1	5	8	7	3	9	4	6	2
8	6	5	1	9	4	3	2	7
3	4	7	2	6	8	1	5	9
2	1	9	5	7	3	6	8	4

161

3	9	2	1	6	8	4	7	5
7	6	8	3	4	5	2	1	9
5	4	1	9	2	7	3	8	6
8	3	4	7	1	9	5	6	2
6	2	7	5	3	4	8	9	1
1	5	9	2	8	6	7	4	3
4	7	3	6	5	1	9	2	8
2	8	6	4	9	3	1	5	7
9	1	5	8	7	2	6	3	4

162

6	3	5	4	7	2	1	9	8
2	1	8	6	9	5	4	3	7
4	7	9	3	1	8	5	6	2
9	2	7	8	3	4	6	5	1
5	8	6	9	2	1	7	4	3
3	4	1	7	5	6	2	8	9
8	5	3	1	6	7	9	2	4
1	6	4	2	8	9	3	7	5
7	9	2	5	4	3	8	1	6

163

5	2	9	3	6	4	8	1	7
8	1	6	7	9	2	4	5	3
7	3	4	8	1	5	2	6	9
4	8	5	1	3	7	6	9	2
6	7	2	5	8	9	1	3	4
1	9	3	4	2	6	5	7	8
9	5	7	6	4	8	3	2	1
3	6	8	2	7	1	9	4	5
2	4	1	9	5	3	7	8	6

164

2	7	6	5	1	4	9	3	8
5	9	4	6	8	3	1	2	7
3	1	8	7	2	9	5	4	6
7	5	1	9	4	8	3	6	2
8	2	3	1	5	6	4	7	9
6	4	9	3	7	2	8	5	1
9	3	7	8	6	5	2	1	4
1	8	2	4	3	7	6	9	5
4	6	5	2	9	1	7	8	3

165

7	2	8	6	1	3	4	5	9
9	6	4	7	5	2	1	3	8
3	5	1	4	9	8	2	7	6
1	4	3	9	7	6	8	2	5
6	7	2	5	8	1	9	4	3
8	9	5	2	3	4	6	1	7
2	3	6	8	4	7	5	9	1
5	8	7	1	2	9	3	6	4
4	1	9	3	6	5	7	8	2

166

2	5	6	4	9	8	3	7	1
8	7	3	5	2	1	6	4	9
1	4	9	7	6	3	2	5	8
7	6	4	9	3	5	8	1	2
9	8	1	6	4	2	7	3	5
3	2	5	1	8	7	9	6	4
6	1	2	3	5	9	4	8	7
5	3	8	2	7	4	1	9	6
4	9	7	8	1	6	5	2	3

167

4	8	7	3	1	2	9	5	6
5	2	1	4	9	6	8	7	3
9	3	6	8	5	7	1	2	4
1	6	9	7	8	5	4	3	2
8	4	2	1	6	3	5	9	7
3	7	5	2	4	9	6	8	1
7	5	4	6	2	8	3	1	9
2	1	8	9	3	4	7	6	5
6	9	3	5	7	1	2	4	8

168

1	8	9	4	2	7	6	5	3
5	3	7	6	8	1	9	4	2
2	4	6	9	5	3	1	7	8
8	2	5	1	9	4	7	3	6
3	7	4	5	6	8	2	1	9
9	6	1	7	3	2	5	8	4
6	1	8	2	4	5	3	9	7
4	5	2	3	7	9	8	6	1
7	9	3	8	1	6	4	2	5

169

1	5	4	7	8	9	3	2	6
2	9	8	4	6	3	7	5	1
6	3	7	2	1	5	9	4	8
7	8	2	9	5	1	6	3	4
9	4	6	8	3	7	2	1	5
5	1	3	6	2	4	8	9	7
4	7	5	3	9	8	1	6	2
3	6	1	5	7	2	4	8	9
8	2	9	1	4	6	5	7	3

170

6	2	7	4	5	9	8	1	3
5	1	4	3	8	6	2	7	9
8	3	9	7	2	1	6	5	4
7	4	1	6	9	8	5	3	2
2	8	6	1	3	5	9	4	7
3	9	5	2	4	7	1	6	8
4	6	8	9	1	3	7	2	5
1	5	3	8	7	2	4	9	6
9	7	2	5	6	4	3	8	1

171

3	1	6	5	2	8	9	7	4
7	9	4	6	1	3	5	8	2
2	8	5	7	4	9	3	6	1
4	3	2	1	8	7	6	5	9
9	6	1	3	5	2	7	4	8
8	5	7	4	9	6	1	2	3
6	7	9	8	3	4	2	1	5
5	4	3	2	6	1	8	9	7
1	2	8	9	7	5	4	3	6

172

5	1	4	2	8	3	9	6	7
8	2	7	5	6	9	4	3	1
6	9	3	4	7	1	5	8	2
3	6	8	1	5	7	2	4	9
2	7	5	8	9	4	3	1	6
1	4	9	3	2	6	8	7	5
4	8	2	6	1	5	7	9	3
9	5	1	7	3	8	6	2	4
7	3	6	9	4	2	1	5	8

173

1	4	6	9	8	3	7	2	5
2	5	3	4	1	7	6	9	8
8	9	7	6	2	5	1	4	3
9	1	8	2	3	6	5	7	4
4	6	5	1	7	9	3	8	2
7	3	2	8	5	4	9	6	1
6	8	4	5	9	1	2	3	7
3	2	1	7	6	8	4	5	9
5	7	9	3	4	2	8	1	6

174

3	7	4	2	6	5	1	9	8
9	5	6	1	8	3	7	2	4
2	8	1	9	7	4	5	6	3
6	4	5	8	3	1	9	7	2
1	3	7	4	9	2	6	8	5
8	9	2	7	5	6	4	3	1
5	1	3	6	2	9	8	4	7
7	2	9	5	4	8	3	1	6
4	6	8	3	1	7	2	5	9

175

7	6	1	5	3	9	8	4	2
9	8	3	1	2	4	7	6	5
5	2	4	8	6	7	9	3	1
3	4	5	6	9	8	2	1	7
1	7	6	4	5	2	3	9	8
2	9	8	7	1	3	4	5	6
8	5	7	3	4	6	1	2	9
4	1	9	2	8	5	6	7	3
6	3	2	9	7	1	5	8	4

176

5	4	7	8	3	2	1	6	9
3	1	6	9	4	7	8	5	2
2	8	9	5	1	6	7	3	4
9	2	5	7	6	8	4	1	3
7	6	1	3	9	4	2	8	5
8	3	4	1	2	5	6	9	7
4	5	3	2	8	1	9	7	6
1	9	2	6	7	3	5	4	8
6	7	8	4	5	9	3	2	1

177

1	9	3	2	8	4	7	6	5
5	4	6	9	3	7	2	1	8
8	2	7	5	6	1	4	3	9
9	7	4	6	5	3	8	2	1
6	8	2	7	1	9	5	4	3
3	1	5	4	2	8	9	7	6
4	6	1	8	7	5	3	9	2
7	3	8	1	9	2	6	5	4
2	5	9	3	4	6	1	8	7

178

3	2	5	6	8	9	1	4	7
7	1	6	2	4	3	5	9	8
4	9	8	5	1	7	6	2	3
2	7	9	3	6	8	4	1	5
5	8	3	1	2	4	9	7	6
6	4	1	7	9	5	8	3	2
9	6	2	8	7	1	3	5	4
1	3	7	4	5	6	2	8	9
8	5	4	9	3	2	7	6	1

179

1	3	8	7	5	6	4	9	2
4	7	2	9	3	1	6	5	8
9	6	5	8	2	4	3	7	1
7	4	6	1	9	3	2	8	5
2	9	1	5	4	8	7	3	6
8	5	3	6	7	2	9	1	4
6	2	7	3	8	5	1	4	9
5	1	9	4	6	7	8	2	3
3	8	4	2	1	9	5	6	7

180

1	4	6	3	5	8	7	2	9
7	3	9	6	2	1	4	8	5
8	5	2	7	4	9	1	3	6
3	6	5	8	1	4	9	7	2
2	7	8	5	9	3	6	4	1
9	1	4	2	6	7	8	5	3
4	9	3	1	8	5	2	6	7
5	2	1	4	7	6	3	9	8
6	8	7	9	3	2	5	1	4

181

1	7	2	5	4	9	3	8	6
5	8	6	2	7	3	9	1	4
9	4	3	6	1	8	2	7	5
8	2	1	3	9	4	6	5	7
3	5	9	7	8	6	4	2	1
7	6	4	1	5	2	8	3	9
6	1	8	4	2	5	7	9	3
2	3	7	9	6	1	5	4	8
4	9	5	8	3	7	1	6	2

182

4	3	1	2	8	5	7	9	6
5	6	2	7	1	9	3	8	4
9	7	8	4	3	6	2	1	5
1	8	3	9	2	4	5	6	7
2	4	6	8	5	7	9	3	1
7	5	9	1	6	3	8	4	2
3	1	7	5	4	8	6	2	9
6	2	5	3	9	1	4	7	8
8	9	4	6	7	2	1	5	3

183

6	9	1	7	3	8	4	2	5
4	2	7	5	6	9	1	3	8
8	5	3	4	1	2	9	6	7
5	8	4	6	7	3	2	9	1
7	3	6	9	2	1	8	5	4
2	1	9	8	4	5	3	7	6
3	4	5	2	8	6	7	1	9
1	6	8	3	9	7	5	4	2
9	7	2	1	5	4	6	8	3

184

4	2	6	1	9	5	3	7	8
7	5	3	2	6	8	9	1	4
1	9	8	3	7	4	2	5	6
2	6	9	7	5	3	4	8	1
8	4	1	6	2	9	5	3	7
3	7	5	8	4	1	6	9	2
9	8	4	5	1	6	7	2	3
6	1	7	9	3	2	8	4	5
5	3	2	4	8	7	1	6	9

185

8	7	5	1	9	6	2	3	4
4	3	1	8	5	2	7	6	9
9	6	2	4	7	3	1	8	5
7	9	8	3	1	4	5	2	6
1	5	4	2	6	9	8	7	3
3	2	6	5	8	7	4	9	1
2	1	7	9	3	5	6	4	8
6	8	9	7	4	1	3	5	2
5	4	3	6	2	8	9	1	7

186

9	1	5	7	4	8	2	3	6
4	3	6	2	1	5	7	9	8
7	2	8	9	6	3	4	5	1
3	9	4	6	7	1	5	8	2
5	7	2	4	8	9	1	6	3
8	6	1	3	5	2	9	4	7
1	8	9	5	2	6	3	7	4
2	4	3	8	9	7	6	1	5
6	5	7	1	3	4	8	2	9

187

7	9	3	4	1	5	2	8	6
5	1	8	9	6	2	3	4	7
6	2	4	7	3	8	5	9	1
1	8	6	2	9	4	7	5	3
4	3	2	1	5	7	9	6	8
9	5	7	6	8	3	4	1	2
2	6	5	3	4	1	8	7	9
8	7	1	5	2	9	6	3	4
3	4	9	8	7	6	1	2	5

188

4	1	5	6	3	9	2	7	8
2	7	8	5	4	1	6	9	3
6	3	9	8	2	7	1	5	4
1	4	6	7	5	8	9	3	2
3	8	7	9	1	2	4	6	5
9	5	2	4	6	3	7	8	1
5	6	3	1	9	4	8	2	7
7	9	4	2	8	5	3	1	6
8	2	1	3	7	6	5	4	9

189

9	7	6	4	2	8	3	5	1
5	3	1	7	9	6	8	4	2
4	2	8	3	1	5	6	9	7
7	9	2	8	5	3	4	1	6
8	5	3	1	6	4	2	7	9
6	1	4	2	7	9	5	3	8
2	6	5	9	4	1	7	8	3
1	8	7	5	3	2	9	6	4
3	4	9	6	8	7	1	2	5

190

1	2	8	6	4	9	5	3	7
5	6	9	1	3	7	8	2	4
7	3	4	5	8	2	1	6	9
4	5	7	8	1	6	3	9	2
3	8	1	2	9	4	6	7	5
2	9	6	3	7	5	4	8	1
6	1	2	9	5	3	7	4	8
9	7	5	4	6	8	2	1	3
8	4	3	7	2	1	9	5	6

191

7	6	1	4	9	3	2	8	5
2	4	8	5	6	7	1	9	3
9	5	3	8	2	1	7	4	6
3	1	7	2	4	9	6	5	8
4	8	5	3	1	6	9	2	7
6	9	2	7	5	8	3	1	4
8	2	9	6	3	5	4	7	1
1	7	6	9	8	4	5	3	2
5	3	4	1	7	2	8	6	9

192

6	3	9	8	1	7	4	2	5
2	8	1	5	6	4	3	7	9
7	4	5	9	2	3	8	1	6
5	2	4	7	8	9	1	6	3
9	1	3	2	4	6	5	8	7
8	6	7	3	5	1	9	4	2
3	9	8	4	7	2	6	5	1
1	5	2	6	3	8	7	9	4
4	7	6	1	9	5	2	3	8

193

2	7	9	6	4	3	5	8	1
1	3	4	9	5	8	6	7	2
5	8	6	1	2	7	4	3	9
4	6	1	2	3	5	7	9	8
7	5	3	4	8	9	2	1	6
8	9	2	7	6	1	3	5	4
6	1	5	8	7	2	9	4	3
3	4	8	5	9	6	1	2	7
9	2	7	3	1	4	8	6	5

194

2	6	1	7	9	4	3	8	5
3	4	9	5	1	8	2	7	6
7	5	8	6	3	2	1	9	4
6	1	3	8	7	9	5	4	2
8	7	2	4	5	1	6	3	9
4	9	5	2	6	3	8	1	7
9	2	7	3	8	5	4	6	1
5	8	6	1	4	7	9	2	3
1	3	4	9	2	6	7	5	8

195

3	7	9	1	6	5	4	2	8
4	2	1	3	7	8	6	9	5
6	8	5	4	9	2	3	1	7
5	9	4	2	8	7	1	3	6
7	6	3	9	4	1	5	8	2
8	1	2	6	5	3	9	7	4
2	4	7	5	3	9	8	6	1
9	5	8	7	1	6	2	4	3
1	3	6	8	2	4	7	5	9

196

7	2	8	9	1	6	3	5	4
6	9	3	5	4	8	2	1	7
4	1	5	7	2	3	8	6	9
1	4	7	3	9	5	6	2	8
5	6	9	1	8	2	7	4	3
3	8	2	4	6	7	5	9	1
9	5	6	8	7	4	1	3	2
2	7	4	6	3	1	9	8	5
8	3	1	2	5	9	4	7	6

197

3	5	6	8	7	1	9	4	2
7	4	9	5	6	2	8	1	3
8	1	2	3	9	4	7	6	5
2	7	3	1	4	6	5	9	8
6	8	4	9	5	7	2	3	1
1	9	5	2	3	8	4	7	6
5	3	8	4	1	9	6	2	7
9	2	7	6	8	3	1	5	4
4	6	1	7	2	5	3	8	9

198

5	3	4	7	9	1	6	8	2
2	6	8	4	3	5	9	1	7
7	9	1	2	6	8	4	3	5
4	1	3	6	2	9	5	7	8
8	5	7	1	4	3	2	6	9
9	2	6	5	8	7	3	4	1
3	7	2	8	5	6	1	9	4
1	4	9	3	7	2	8	5	6
6	8	5	9	1	4	7	2	3

199

7	8	6	5	2	4	1	3	9
2	9	1	3	8	6	5	7	4
4	5	3	1	7	9	2	6	8
3	7	8	2	9	1	6	4	5
1	6	9	4	5	3	7	8	2
5	2	4	8	6	7	3	9	1
8	3	2	7	4	5	9	1	6
9	1	5	6	3	8	4	2	7
6	4	7	9	1	2	8	5	3

200

8	1	2	3	7	6	4	5	9
4	6	5	9	8	1	7	3	2
3	7	9	2	5	4	8	1	6
5	9	4	1	2	7	3	6	8
7	8	3	6	4	9	1	2	5
6	2	1	5	3	8	9	7	4
1	5	6	4	9	3	2	8	7
2	4	8	7	1	5	6	9	3
9	3	7	8	6	2	5	4	1

201

4	6	5	1	2	8	3	7	9
2	8	9	7	6	3	4	5	1
1	3	7	9	5	4	6	2	8
3	1	6	2	8	5	9	4	7
5	7	4	6	1	9	8	3	2
9	2	8	4	3	7	1	6	5
8	4	1	5	7	6	2	9	3
6	5	3	8	9	2	7	1	4
7	9	2	3	4	1	5	8	6

202

6	5	9	2	3	7	4	8	1
7	8	2	5	4	1	3	9	6
4	3	1	6	9	8	5	2	7
9	2	4	7	6	5	1	3	8
1	7	8	4	2	3	6	5	9
3	6	5	8	1	9	2	7	4
5	4	6	9	7	2	8	1	3
8	1	7	3	5	6	9	4	2
2	9	3	1	8	4	7	6	5

203

5	7	2	1	8	3	6	4	9
1	8	6	5	4	9	3	7	2
3	4	9	2	7	6	1	5	8
4	3	5	8	2	1	9	6	7
7	9	8	6	5	4	2	3	1
2	6	1	9	3	7	4	8	5
8	2	4	3	9	5	7	1	6
6	5	7	4	1	2	8	9	3
9	1	3	7	6	8	5	2	4

204

9	3	1	2	6	4	7	8	5
8	5	2	1	3	7	6	9	4
6	7	4	9	5	8	3	2	1
7	4	3	6	1	9	8	5	2
5	6	8	4	2	3	9	1	7
1	2	9	7	8	5	4	3	6
3	1	6	8	7	2	5	4	9
2	9	5	3	4	6	1	7	8
4	8	7	5	9	1	2	6	3

205

3	9	6	4	7	2	8	5	1
7	5	4	3	1	8	2	6	9
2	8	1	9	5	6	3	4	7
9	1	8	6	4	3	7	2	5
4	7	5	8	2	1	6	9	3
6	3	2	5	9	7	4	1	8
5	6	7	1	3	4	9	8	2
1	4	3	2	8	9	5	7	6
8	2	9	7	6	5	1	3	4

206

2	9	6	8	5	3	4	7	1
5	8	7	1	2	4	3	9	6
4	1	3	6	9	7	5	2	8
3	5	8	4	7	9	6	1	2
6	7	1	2	3	8	9	4	5
9	4	2	5	1	6	8	3	7
1	2	4	3	6	5	7	8	9
7	3	5	9	8	1	2	6	4
8	6	9	7	4	2	1	5	3

207

4	6	2	1	9	8	5	7	3
8	1	3	7	4	5	6	2	9
7	9	5	3	2	6	1	8	4
2	4	8	9	6	3	7	1	5
5	7	1	2	8	4	3	9	6
9	3	6	5	1	7	2	4	8
3	8	7	4	5	1	9	6	2
1	2	4	6	3	9	8	5	7
6	5	9	8	7	2	4	3	1

208

3	1	7	9	4	5	8	2	6
9	2	4	6	1	8	3	7	5
8	5	6	2	3	7	4	1	9
6	4	8	1	2	3	9	5	7
2	7	9	4	5	6	1	8	3
1	3	5	8	7	9	2	6	4
4	9	2	7	6	1	5	3	8
7	8	3	5	9	2	6	4	1
5	6	1	3	8	4	7	9	2

209

7	1	2	6	4	3	9	5	8
8	5	3	7	9	2	4	1	6
4	6	9	5	1	8	3	2	7
2	4	7	9	6	5	8	3	1
6	3	8	2	7	1	5	9	4
1	9	5	3	8	4	6	7	2
5	8	6	1	2	9	7	4	3
3	7	1	4	5	6	2	8	9
9	2	4	8	3	7	1	6	5

210

2	8	1	9	4	7	3	5	6
6	5	3	1	8	2	9	4	7
9	7	4	6	3	5	8	2	1
7	2	5	3	6	8	4	1	9
4	3	6	7	9	1	2	8	5
1	9	8	5	2	4	6	7	3
5	4	9	8	7	3	1	6	2
8	6	7	2	1	9	5	3	4
3	1	2	4	5	6	7	9	8

211

9	3	6	5	8	2	4	1	7
4	5	2	9	1	7	6	8	3
8	1	7	6	4	3	5	2	9
6	9	5	1	3	4	8	7	2
3	2	1	8	7	5	9	6	4
7	8	4	2	6	9	3	5	1
1	7	8	3	9	6	2	4	5
5	6	9	4	2	1	7	3	8
2	4	3	7	5	8	1	9	6

212

4	6	2	7	9	8	1	5	3
5	7	1	4	2	3	9	8	6
3	8	9	1	6	5	7	4	2
9	1	3	6	7	4	5	2	8
6	5	7	3	8	2	4	1	9
2	4	8	5	1	9	3	6	7
8	9	4	2	5	7	6	3	1
7	3	6	8	4	1	2	9	5
1	2	5	9	3	6	8	7	4

213

7	4	1	5	3	6	9	8	2
2	3	9	8	7	1	5	4	6
6	8	5	9	2	4	7	1	3
1	6	3	4	9	7	8	2	5
5	7	2	6	8	3	1	9	4
4	9	8	2	1	5	6	3	7
8	1	4	7	5	2	3	6	9
9	2	7	3	6	8	4	5	1
3	5	6	1	4	9	2	7	8

214

7	2	6	1	8	3	9	4	5
9	5	1	2	4	7	6	3	8
3	8	4	5	6	9	2	1	7
8	4	5	3	9	1	7	2	6
1	7	9	4	2	6	8	5	3
6	3	2	7	5	8	4	9	1
2	9	8	6	3	5	1	7	4
5	6	7	9	1	4	3	8	2
4	1	3	8	7	2	5	6	9

215

6	9	7	5	1	2	8	3	4
2	1	8	4	9	3	5	7	6
3	4	5	6	7	8	2	9	1
8	6	3	1	5	9	4	2	7
9	5	1	2	4	7	3	6	8
7	2	4	3	8	6	9	1	5
5	3	9	7	6	4	1	8	2
1	8	6	9	2	5	7	4	3
4	7	2	8	3	1	6	5	9

216

9	8	5	1	7	3	6	4	2
2	4	3	8	6	9	5	1	7
7	1	6	5	4	2	3	8	9
3	9	4	7	8	1	2	6	5
5	7	1	3	2	6	4	9	8
8	6	2	4	9	5	7	3	1
1	3	7	6	5	8	9	2	4
4	2	8	9	3	7	1	5	6
6	5	9	2	1	4	8	7	3

217

8	4	2	7	1	3	5	6	9
3	1	7	9	6	5	2	4	8
5	6	9	8	2	4	7	3	1
6	2	4	5	7	1	9	8	3
1	7	8	4	3	9	6	5	2
9	3	5	6	8	2	4	1	7
4	9	1	2	5	8	3	7	6
7	5	3	1	9	6	8	2	4
2	8	6	3	4	7	1	9	5

218

1	9	2	4	3	5	6	7	8
5	8	4	7	6	9	2	1	3
6	7	3	8	2	1	9	4	5
4	1	6	3	5	7	8	9	2
8	2	9	6	1	4	3	5	7
7	3	5	2	9	8	4	6	1
9	5	8	1	4	3	7	2	6
3	6	1	9	7	2	5	8	4
2	4	7	5	8	6	1	3	9

219

5	4	6	2	7	1	8	3	9
7	3	2	8	6	9	5	4	1
1	9	8	5	4	3	6	7	2
4	6	1	9	5	8	3	2	7
2	5	3	4	1	7	9	8	6
8	7	9	6	3	2	4	1	5
6	2	7	3	9	4	1	5	8
9	1	4	7	8	5	2	6	3
3	8	5	1	2	6	7	9	4

220

1	3	7	8	4	5	2	6	9
5	4	8	9	2	6	3	1	7
6	2	9	1	3	7	4	8	5
8	6	1	7	9	3	5	4	2
3	5	4	2	1	8	7	9	6
7	9	2	5	6	4	1	3	8
9	1	3	6	5	2	8	7	4
4	8	5	3	7	9	6	2	1
2	7	6	4	8	1	9	5	3

221

2	7	8	6	1	5	3	4	9
4	1	6	7	3	9	8	2	5
5	9	3	8	2	4	1	7	6
9	2	7	4	8	1	6	5	3
1	3	4	2	5	6	7	9	8
8	6	5	9	7	3	2	1	4
7	5	2	3	9	8	4	6	1
6	8	9	1	4	2	5	3	7
3	4	1	5	6	7	9	8	2

222

6	7	1	3	2	4	5	9	8
2	5	8	1	9	6	3	4	7
9	3	4	7	8	5	2	6	1
7	4	2	9	3	1	6	8	5
5	8	9	2	6	7	1	3	4
1	6	3	4	5	8	9	7	2
4	2	6	5	7	3	8	1	9
3	9	7	8	1	2	4	5	6
8	1	5	6	4	9	7	2	3

223

8	5	7	3	6	2	4	1	9
9	4	2	7	1	8	5	3	6
6	3	1	4	9	5	8	2	7
1	2	3	9	7	4	6	5	8
4	9	5	8	2	6	3	7	1
7	6	8	5	3	1	2	9	4
5	8	9	1	4	3	7	6	2
2	1	4	6	5	7	9	8	3
3	7	6	2	8	9	1	4	5

224

8	2	9	5	7	3	6	1	4
6	4	3	2	9	1	5	7	8
5	7	1	8	4	6	3	2	9
7	9	5	1	2	4	8	6	3
2	3	6	9	5	8	1	4	7
4	1	8	3	6	7	9	5	2
9	5	7	6	3	2	4	8	1
1	6	2	4	8	9	7	3	5
3	8	4	7	1	5	2	9	6

225

1	2	7	4	9	8	6	3	5
5	9	8	3	7	6	2	1	4
6	4	3	2	1	5	7	9	8
7	8	2	6	3	1	5	4	9
9	6	4	5	8	2	3	7	1
3	5	1	9	4	7	8	6	2
4	3	6	8	5	9	1	2	7
8	7	9	1	2	3	4	5	6
2	1	5	7	6	4	9	8	3

226

7	3	9	2	4	5	8	1	6
1	2	8	9	7	6	5	3	4
5	4	6	1	3	8	7	9	2
9	7	1	3	6	2	4	8	5
8	6	2	4	5	9	3	7	1
3	5	4	7	8	1	2	6	9
2	8	7	6	9	4	1	5	3
4	9	5	8	1	3	6	2	7
6	1	3	5	2	7	9	4	8

227

5	6	9	3	8	7	2	1	4
4	3	7	9	2	1	6	5	8
1	8	2	6	5	4	7	3	9
8	5	1	4	9	6	3	7	2
6	9	3	8	7	2	1	4	5
2	7	4	1	3	5	9	8	6
3	1	5	2	4	9	8	6	7
7	2	6	5	1	8	4	9	3
9	4	8	7	6	3	5	2	1

228

6	9	7	1	8	4	2	5	3
3	1	5	9	6	2	4	8	7
8	2	4	7	3	5	1	6	9
5	3	9	6	7	1	8	4	2
2	7	6	3	4	8	9	1	5
4	8	1	5	2	9	3	7	6
7	5	2	4	1	3	6	9	8
9	4	8	2	5	6	7	3	1
1	6	3	8	9	7	5	2	4

229

7	8	4	3	9	6	5	1	2
3	1	5	8	4	2	6	7	9
2	6	9	5	7	1	3	4	8
9	3	8	7	6	5	4	2	1
1	2	7	9	3	4	8	5	6
4	5	6	2	1	8	7	9	3
8	7	3	1	5	9	2	6	4
5	4	1	6	2	3	9	8	7
6	9	2	4	8	7	1	3	5

230

7	3	8	1	6	5	4	9	2
9	4	5	7	8	2	6	3	1
6	1	2	3	4	9	5	7	8
2	9	6	4	1	7	3	8	5
1	8	3	9	5	6	2	4	7
5	7	4	8	2	3	1	6	9
8	5	9	6	3	1	7	2	4
3	2	7	5	9	4	8	1	6
4	6	1	2	7	8	9	5	3

231

7	5	3	2	6	4	9	8	1
8	2	4	7	9	1	5	6	3
9	6	1	3	8	5	4	7	2
3	1	5	9	4	8	6	2	7
6	8	2	5	1	7	3	9	4
4	7	9	6	2	3	8	1	5
2	4	6	1	5	9	7	3	8
5	9	7	8	3	2	1	4	6
1	3	8	4	7	6	2	5	9

232

4	9	1	2	3	7	5	6	8
3	2	5	8	9	6	4	7	1
8	6	7	1	5	4	3	2	9
1	8	6	3	7	9	2	4	5
7	3	2	5	4	8	1	9	6
5	4	9	6	2	1	7	8	3
9	5	3	4	6	2	8	1	7
2	7	8	9	1	5	6	3	4
6	1	4	7	8	3	9	5	2

233

9	6	2	7	8	4	3	1	5
3	7	5	1	6	9	2	4	8
8	4	1	5	2	3	6	9	7
4	8	3	6	9	1	5	7	2
1	2	6	4	7	5	8	3	9
5	9	7	2	3	8	1	6	4
2	3	4	8	1	7	9	5	6
7	1	8	9	5	6	4	2	3
6	5	9	3	4	2	7	8	1

234

4	2	8	6	1	5	7	3	9
1	5	9	2	7	3	8	4	6
7	3	6	4	9	8	2	1	5
8	9	2	5	6	1	3	7	4
5	4	1	7	3	9	6	8	2
3	6	7	8	2	4	9	5	1
9	1	5	3	8	6	4	2	7
6	7	3	1	4	2	5	9	8
2	8	4	9	5	7	1	6	3

235

4	9	1	7	2	5	8	3	6
7	8	2	9	6	3	1	4	5
5	6	3	8	1	4	2	7	9
3	1	4	5	9	7	6	8	2
6	5	8	4	3	2	9	1	7
2	7	9	1	8	6	3	5	4
8	3	5	6	7	9	4	2	1
9	2	7	3	4	1	5	6	8
1	4	6	2	5	8	7	9	3

236

8	2	5	1	9	7	3	4	6
4	7	1	2	6	3	5	9	8
6	3	9	4	8	5	7	1	2
9	1	8	5	2	4	6	7	3
2	6	7	3	1	8	9	5	4
3	5	4	9	7	6	2	8	1
7	9	6	8	4	2	1	3	5
5	4	2	7	3	1	8	6	9
1	8	3	6	5	9	4	2	7

237

6	1	4	5	3	9	2	7	8
8	9	3	7	4	2	1	6	5
5	2	7	8	1	6	9	3	4
2	7	9	3	5	4	6	8	1
3	8	1	2	6	7	4	5	9
4	6	5	1	9	8	7	2	3
7	5	2	4	8	1	3	9	6
9	4	8	6	2	3	5	1	7
1	3	6	9	7	5	8	4	2

238

8	4	6	2	5	1	9	3	7
9	2	5	7	8	3	6	4	1
7	1	3	9	4	6	2	8	5
5	8	2	6	1	9	4	7	3
1	3	9	4	7	2	8	5	6
6	7	4	5	3	8	1	2	9
3	9	8	1	2	7	5	6	4
4	6	7	8	9	5	3	1	2
2	5	1	3	6	4	7	9	8

239

4	1	9	2	7	6	5	3	8
6	7	2	5	8	3	1	9	4
3	5	8	9	1	4	6	2	7
2	9	7	6	4	8	3	1	5
5	6	1	7	3	2	4	8	9
8	4	3	1	5	9	2	7	6
1	8	6	3	9	5	7	4	2
9	3	5	4	2	7	8	6	1
7	2	4	8	6	1	9	5	3

240

9	8	2	3	5	1	7	6	4
1	4	6	2	7	9	3	8	5
3	5	7	4	6	8	1	9	2
6	2	3	9	1	5	8	4	7
7	1	5	6	8	4	9	2	3
8	9	4	7	2	3	5	1	6
4	7	8	5	9	2	6	3	1
5	3	9	1	4	6	2	7	8
2	6	1	8	3	7	4	5	9

2 4 1

3	2	4	5	7	8	6	9	1
6	9	1	3	2	4	7	5	8
7	8	5	1	6	9	3	4	2
9	4	2	6	1	3	5	8	7
1	6	8	7	9	5	2	3	4
5	7	3	4	8	2	9	1	6
8	1	6	9	3	7	4	2	5
2	5	9	8	4	6	1	7	3
4	3	7	2	5	1	8	6	9

2 4 2

6	5	7	4	9	8	3	1	2
2	3	1	7	5	6	8	4	9
8	9	4	2	1	3	7	6	5
7	6	5	1	3	4	2	9	8
1	8	3	5	2	9	4	7	6
4	2	9	8	6	7	5	3	1
9	7	6	3	8	5	1	2	4
3	1	8	6	4	2	9	5	7
5	4	2	9	7	1	6	8	3

2 4 3

3	1	7	4	6	5	8	9	2
2	5	8	7	9	1	3	6	4
6	9	4	2	8	3	5	1	7
4	8	5	9	1	6	7	2	3
7	6	2	5	3	4	9	8	1
9	3	1	8	7	2	6	4	5
1	4	9	6	5	7	2	3	8
8	7	3	1	2	9	4	5	6
5	2	6	3	4	8	1	7	9

2 4 4

8	7	1	2	3	6	9	4	5
2	4	3	7	5	9	8	6	1
5	6	9	1	8	4	3	7	2
6	5	2	8	9	7	4	1	3
4	1	7	5	2	3	6	9	8
3	9	8	4	6	1	5	2	7
1	8	5	9	4	2	7	3	6
9	2	6	3	7	8	1	5	4
7	3	4	6	1	5	2	8	9

2 4 5

9	2	5	8	1	6	7	3	4
3	7	4	5	2	9	1	8	6
1	8	6	3	4	7	5	9	2
2	6	7	9	3	1	8	4	5
4	3	9	2	5	8	6	7	1
8	5	1	6	7	4	3	2	9
6	4	3	7	9	5	2	1	8
7	1	8	4	6	2	9	5	3
5	9	2	1	8	3	4	6	7

2 4 6

2	7	9	3	5	4	8	6	1
5	8	6	1	9	7	4	2	3
3	4	1	2	6	8	5	9	7
8	1	2	6	4	9	3	7	5
6	5	4	8	7	3	9	1	2
7	9	3	5	2	1	6	8	4
1	2	8	4	3	6	7	5	9
9	3	5	7	8	2	1	4	6
4	6	7	9	1	5	2	3	8

2 4 7

5	4	1	9	2	7	3	8	6
9	6	7	4	8	3	2	1	5
2	3	8	6	1	5	4	7	9
8	9	4	1	7	2	6	5	3
1	7	3	5	9	6	8	4	2
6	2	5	3	4	8	1	9	7
4	8	6	2	5	9	7	3	1
3	1	9	7	6	4	5	2	8
7	5	2	8	3	1	9	6	4

2 4 8

8	3	9	6	2	4	1	5	7
1	7	5	3	9	8	6	2	4
6	4	2	1	7	5	9	8	3
4	5	1	9	8	7	2	3	6
3	6	7	4	1	2	5	9	8
2	9	8	5	6	3	7	4	1
9	1	4	2	3	6	8	7	5
5	8	6	7	4	9	3	1	2
7	2	3	8	5	1	4	6	9

249

5	4	8	7	9	3	6	1	2
1	9	7	8	2	6	5	3	4
3	2	6	5	1	4	7	8	9
7	6	4	3	8	9	2	5	1
2	8	1	4	5	7	3	9	6
9	3	5	2	6	1	4	7	8
8	7	2	1	4	5	9	6	3
6	1	3	9	7	2	8	4	5
4	5	9	6	3	8	1	2	7

250

8	4	3	5	7	9	1	2	6
7	6	5	8	1	2	3	9	4
1	9	2	4	3	6	5	7	8
4	1	9	6	2	3	8	5	7
2	7	6	1	5	8	9	4	3
5	3	8	7	9	4	6	1	2
3	8	1	9	4	7	2	6	5
9	2	7	3	6	5	4	8	1
6	5	4	2	8	1	7	3	9

251

8	3	5	2	6	9	7	4	1
2	4	1	7	3	8	6	5	9
7	6	9	4	1	5	3	2	8
3	9	2	5	8	4	1	7	6
4	7	8	1	2	6	9	3	5
1	5	6	3	9	7	4	8	2
9	1	3	8	7	2	5	6	4
6	8	4	9	5	3	2	1	7
5	2	7	6	4	1	8	9	3

252

4	5	8	1	9	3	7	6	2
7	6	2	5	4	8	1	9	3
3	1	9	7	6	2	5	8	4
2	3	7	4	5	9	8	1	6
9	8	6	3	1	7	4	2	5
1	4	5	2	8	6	3	7	9
6	9	1	8	3	5	2	4	7
5	7	4	9	2	1	6	3	8
8	2	3	6	7	4	9	5	1

253

8	9	7	1	3	5	6	2	4
4	6	1	2	9	7	3	8	5
2	5	3	6	8	4	9	1	7
1	4	2	3	7	9	5	6	8
9	7	6	8	5	1	4	3	2
5	3	8	4	2	6	1	7	9
7	8	4	5	6	3	2	9	1
6	2	5	9	1	8	7	4	3
3	1	9	7	4	2	8	5	6

254

8	5	2	7	9	1	4	6	3
4	6	1	5	8	3	9	2	7
9	3	7	6	4	2	5	8	1
3	8	4	9	2	5	1	7	6
7	9	6	8	1	4	3	5	2
2	1	5	3	7	6	8	9	4
6	7	3	4	5	9	2	1	8
1	4	9	2	6	8	7	3	5
5	2	8	1	3	7	6	4	9

255

1	5	9	4	3	7	2	8	6
3	6	4	8	9	2	5	7	1
8	2	7	6	1	5	4	9	3
4	8	2	7	5	6	1	3	9
9	3	5	1	2	8	6	4	7
7	1	6	3	4	9	8	2	5
6	4	3	2	7	1	9	5	8
5	7	1	9	8	4	3	6	2
2	9	8	5	6	3	7	1	4

256

3	8	7	9	2	4	1	5	6
9	6	5	8	1	3	7	4	2
1	4	2	6	7	5	9	3	8
8	3	6	1	9	7	5	2	4
7	1	4	5	3	2	6	8	9
2	5	9	4	6	8	3	1	7
5	9	8	7	4	1	2	6	3
6	2	1	3	8	9	4	7	5
4	7	3	2	5	6	8	9	1

257

9	2	3	8	5	7	4	1	6
7	6	4	2	9	1	3	8	5
5	1	8	4	6	3	9	7	2
2	3	7	1	8	6	5	9	4
8	5	1	3	4	9	2	6	7
6	4	9	5	7	2	1	3	8
1	7	2	6	3	5	8	4	9
4	9	5	7	1	8	6	2	3
3	8	6	9	2	4	7	5	1

258

9	3	1	2	7	4	5	6	8
7	5	2	3	8	6	9	4	1
6	8	4	1	9	5	2	7	3
3	1	9	8	5	7	6	2	4
4	7	6	9	1	2	3	8	5
5	2	8	4	6	3	1	9	7
8	9	5	7	2	1	4	3	6
1	4	7	6	3	9	8	5	2
2	6	3	5	4	8	7	1	9

259

3	7	6	8	2	9	1	5	4
8	5	9	3	1	4	2	7	6
4	1	2	6	5	7	3	8	9
7	8	4	9	3	5	6	2	1
9	2	5	1	4	6	7	3	8
6	3	1	7	8	2	9	4	5
1	4	7	2	9	8	5	6	3
2	9	8	5	6	3	4	1	7
5	6	3	4	7	1	8	9	2

260

1	4	5	8	7	9	6	2	3
9	3	6	2	4	5	1	7	8
7	2	8	1	3	6	9	4	5
8	1	4	7	9	2	3	5	6
6	9	3	4	5	8	7	1	2
2	5	7	3	6	1	4	8	9
4	8	9	5	1	3	2	6	7
5	6	1	9	2	7	8	3	4
3	7	2	6	8	4	5	9	1

261

6	1	7	3	9	2	4	5	8
9	5	2	1	4	8	6	3	7
8	4	3	7	6	5	1	2	9
2	6	5	9	3	4	7	8	1
7	8	1	2	5	6	9	4	3
3	9	4	8	1	7	2	6	5
4	7	6	5	8	1	3	9	2
5	2	9	4	7	3	8	1	6
1	3	8	6	2	9	5	7	4

262

5	6	8	9	3	4	7	1	2
2	1	3	6	7	8	9	5	4
4	9	7	2	5	1	6	8	3
7	2	5	4	9	6	1	3	8
1	8	6	7	2	3	4	9	5
3	4	9	8	1	5	2	7	6
6	7	1	3	8	2	5	4	9
8	5	4	1	6	9	3	2	7
9	3	2	5	4	7	8	6	1

263

7	9	5	3	8	1	6	2	4
3	6	2	5	7	4	8	9	1
1	4	8	9	2	6	7	3	5
8	5	6	4	1	3	9	7	2
2	7	9	8	6	5	4	1	3
4	1	3	7	9	2	5	8	6
5	2	7	6	3	8	1	4	9
6	8	1	2	4	9	3	5	7
9	3	4	1	5	7	2	6	8

264

1	4	3	6	2	5	9	8	7
2	9	5	8	3	7	6	4	1
8	7	6	1	9	4	3	2	5
5	2	4	9	6	8	1	7	3
3	8	7	4	5	1	2	6	9
6	1	9	2	7	3	4	5	8
4	3	2	5	8	9	7	1	6
7	5	1	3	4	6	8	9	2
9	6	8	7	1	2	5	3	4

265

7	1	4	5	2	8	6	3	9
6	8	9	3	7	1	2	4	5
3	2	5	6	9	4	1	7	8
5	7	1	8	6	3	4	9	2
4	9	8	2	5	7	3	1	6
2	6	3	1	4	9	5	8	7
8	5	7	4	3	2	9	6	1
9	4	2	7	1	6	8	5	3
1	3	6	9	8	5	7	2	4

266

4	8	5	2	9	3	1	7	6
7	6	9	8	4	1	2	5	3
3	2	1	7	5	6	9	4	8
9	7	6	1	8	5	3	2	4
8	1	3	6	2	4	5	9	7
5	4	2	3	7	9	8	6	1
6	9	7	5	1	8	4	3	2
1	3	4	9	6	2	7	8	5
2	5	8	4	3	7	6	1	9

267

1	6	7	5	4	3	9	2	8
9	2	8	6	1	7	5	4	3
5	3	4	8	2	9	6	1	7
8	9	6	2	5	1	7	3	4
3	4	5	7	8	6	1	9	2
2	7	1	9	3	4	8	5	6
7	8	2	4	9	5	3	6	1
4	5	3	1	6	8	2	7	9
6	1	9	3	7	2	4	8	5

268

3	5	2	9	8	6	1	4	7
1	9	8	2	7	4	5	3	6
4	6	7	1	5	3	9	2	8
5	7	6	4	2	1	8	9	3
2	8	3	5	6	9	4	7	1
9	1	4	8	3	7	2	6	5
7	4	9	3	1	5	6	8	2
6	2	5	7	9	8	3	1	4
8	3	1	6	4	2	7	5	9

269

8	5	7	4	9	6	3	2	1
9	2	1	3	5	7	8	4	6
3	4	6	8	2	1	5	7	9
5	9	3	7	1	4	2	6	8
2	6	4	5	8	9	1	3	7
7	1	8	2	6	3	9	5	4
6	7	9	1	3	2	4	8	5
1	3	5	6	4	8	7	9	2
4	8	2	9	7	5	6	1	3

270

2	8	4	5	3	1	6	9	7
5	7	9	4	2	6	8	3	1
6	3	1	8	7	9	5	4	2
3	6	8	9	5	2	7	1	4
4	1	7	6	8	3	9	2	5
9	5	2	1	4	7	3	8	6
7	9	5	3	1	4	2	6	8
1	2	3	7	6	8	4	5	9
8	4	6	2	9	5	1	7	3

271

6	2	7	9	1	8	5	4	3
3	5	8	4	7	2	9	6	1
1	9	4	3	6	5	2	8	7
9	7	5	2	3	4	6	1	8
8	1	3	5	9	6	7	2	4
4	6	2	1	8	7	3	9	5
7	3	1	8	2	9	4	5	6
2	4	6	7	5	1	8	3	9
5	8	9	6	4	3	1	7	2

272

9	3	6	5	1	4	8	2	7
1	4	2	9	7	8	3	6	5
5	8	7	3	2	6	4	9	1
8	1	5	2	3	9	7	4	6
6	9	3	4	8	7	1	5	2
7	2	4	6	5	1	9	8	3
2	6	9	1	4	3	5	7	8
3	5	8	7	9	2	6	1	4
4	7	1	8	6	5	2	3	9

273

5	9	6	1	3	2	4	7	8
7	4	3	9	6	8	5	2	1
8	2	1	7	4	5	9	6	3
1	6	5	8	7	3	2	4	9
2	8	4	5	1	9	6	3	7
9	3	7	6	2	4	8	1	5
3	7	9	2	5	6	1	8	4
6	1	8	4	9	7	3	5	2
4	5	2	3	8	1	7	9	6

274

8	1	6	9	3	5	2	4	7
5	2	4	6	7	1	3	8	9
9	7	3	2	4	8	5	1	6
3	9	1	5	8	4	7	6	2
6	5	8	1	2	7	4	9	3
2	4	7	3	9	6	8	5	1
4	6	5	7	1	2	9	3	8
1	3	2	8	5	9	6	7	4
7	8	9	4	6	3	1	2	5

275

7	3	8	6	2	9	4	5	1
6	9	1	5	4	7	2	8	3
5	2	4	3	1	8	7	6	9
8	4	9	2	7	3	5	1	6
1	6	7	9	5	4	8	3	2
2	5	3	8	6	1	9	4	7
3	8	5	1	9	2	6	7	4
4	1	2	7	8	6	3	9	5
9	7	6	4	3	5	1	2	8

276

7	9	5	8	1	2	4	3	6
3	2	6	5	9	4	7	1	8
8	1	4	7	6	3	2	9	5
9	7	8	2	5	1	6	4	3
1	6	3	4	8	9	5	7	2
4	5	2	6	3	7	1	8	9
6	8	1	9	4	5	3	2	7
2	3	9	1	7	6	8	5	4
5	4	7	3	2	8	9	6	1

277

8	3	1	6	7	5	4	9	2
6	4	5	3	9	2	8	1	7
7	2	9	4	1	8	6	5	3
4	5	7	8	3	9	2	6	1
2	1	6	7	5	4	9	3	8
9	8	3	1	2	6	5	7	4
3	6	4	9	8	1	7	2	5
1	9	2	5	4	7	3	8	6
5	7	8	2	6	3	1	4	9

278

4	1	8	2	6	3	5	9	7
2	3	7	4	5	9	8	1	6
6	5	9	1	8	7	2	4	3
1	7	5	8	9	4	3	6	2
3	2	4	5	1	6	7	8	9
9	8	6	3	7	2	4	5	1
5	4	3	9	2	1	6	7	8
7	9	2	6	4	8	1	3	5
8	6	1	7	3	5	9	2	4

279

2	5	7	8	4	6	9	3	1
8	1	6	3	5	9	7	4	2
4	9	3	1	2	7	6	5	8
1	7	5	9	6	3	8	2	4
9	8	2	5	7	4	3	1	6
3	6	4	2	1	8	5	7	9
7	3	8	4	9	2	1	6	5
5	4	9	6	3	1	2	8	7
6	2	1	7	8	5	4	9	3

280

5	4	9	3	1	7	6	2	8
1	3	7	2	8	6	5	4	9
2	6	8	9	5	4	7	1	3
3	5	1	8	7	2	9	6	4
7	8	6	5	4	9	2	3	1
4	9	2	6	3	1	8	5	7
9	1	5	4	6	8	3	7	2
8	7	3	1	2	5	4	9	6
6	2	4	7	9	3	1	8	5

281

5	8	7	3	6	4	2	1	9
4	2	6	9	8	1	3	7	5
9	3	1	2	5	7	4	8	6
7	5	4	8	1	9	6	2	3
3	1	9	6	4	2	7	5	8
8	6	2	7	3	5	1	9	4
2	9	3	4	7	8	5	6	1
6	7	5	1	9	3	8	4	2
1	4	8	5	2	6	9	3	7

282

9	1	3	8	2	4	5	7	6
5	8	7	3	9	6	4	2	1
2	6	4	5	1	7	8	3	9
6	2	5	9	7	8	3	1	4
4	3	8	2	6	1	7	9	5
1	7	9	4	3	5	6	8	2
8	4	2	7	5	9	1	6	3
3	5	6	1	8	2	9	4	7
7	9	1	6	4	3	2	5	8

283

1	8	2	3	4	7	6	9	5
3	5	7	6	9	8	2	4	1
4	6	9	2	5	1	8	7	3
2	9	4	5	6	3	7	1	8
5	1	3	7	8	4	9	6	2
8	7	6	9	1	2	3	5	4
9	4	8	1	3	6	5	2	7
7	3	5	4	2	9	1	8	6
6	2	1	8	7	5	4	3	9

284

1	2	7	4	9	5	8	6	3
5	8	9	3	2	6	4	7	1
3	4	6	1	7	8	2	5	9
2	6	8	5	4	3	9	1	7
9	1	3	6	8	7	5	2	4
4	7	5	9	1	2	6	3	8
8	3	1	2	5	4	7	9	6
7	9	2	8	6	1	3	4	5
6	5	4	7	3	9	1	8	2

285

6	8	2	1	7	4	5	3	9
5	3	1	6	2	9	8	4	7
7	9	4	3	5	8	6	2	1
4	7	9	8	1	3	2	6	5
8	6	5	7	4	2	9	1	3
1	2	3	9	6	5	7	8	4
9	4	7	2	3	6	1	5	8
2	5	8	4	9	1	3	7	6
3	1	6	5	8	7	4	9	2

286

2	3	9	7	4	8	1	5	6
8	6	7	2	5	1	9	3	4
1	4	5	3	6	9	2	7	8
3	1	4	8	2	7	5	6	9
7	9	6	1	3	5	8	4	2
5	8	2	6	9	4	7	1	3
6	5	1	4	8	2	3	9	7
4	7	8	9	1	3	6	2	5
9	2	3	5	7	6	4	8	1

287

9	6	7	5	8	1	4	2	3
4	8	2	7	6	3	9	5	1
3	1	5	4	9	2	8	7	6
7	5	6	9	1	4	3	8	2
2	9	4	3	5	8	6	1	7
1	3	8	2	7	6	5	4	9
6	4	9	1	2	5	7	3	8
8	2	3	6	4	7	1	9	5
5	7	1	8	3	9	2	6	4

288

5	4	9	2	6	7	1	3	8
2	8	3	4	1	9	7	5	6
1	7	6	5	3	8	9	4	2
3	9	7	1	8	6	4	2	5
6	1	2	3	5	4	8	7	9
4	5	8	7	9	2	6	1	3
9	2	5	6	4	1	3	8	7
7	6	4	8	2	3	5	9	1
8	3	1	9	7	5	2	6	4

289

4	3	5	6	9	2	1	8	7
8	2	7	4	1	5	9	3	6
9	6	1	7	3	8	5	4	2
6	7	9	8	5	4	3	2	1
3	4	2	1	7	9	8	6	5
1	5	8	3	2	6	7	9	4
5	9	4	2	8	7	6	1	3
2	8	3	5	6	1	4	7	9
7	1	6	9	4	3	2	5	8

290

7	4	1	6	5	2	8	3	9
6	5	2	9	8	3	1	4	7
3	9	8	1	4	7	2	5	6
9	2	4	5	3	8	7	6	1
5	8	7	2	1	6	4	9	3
1	6	3	4	7	9	5	8	2
8	7	9	3	2	4	6	1	5
4	3	5	7	6	1	9	2	8
2	1	6	8	9	5	3	7	4

291

3	2	9	6	1	8	7	4	5
8	1	6	7	5	4	3	9	2
4	7	5	3	2	9	6	1	8
5	4	2	8	6	7	1	3	9
1	9	7	2	4	3	5	8	6
6	3	8	1	9	5	4	2	7
9	6	4	5	8	1	2	7	3
2	8	3	4	7	6	9	5	1
7	5	1	9	3	2	8	6	4

292

5	7	9	8	4	1	2	6	3
4	3	2	5	9	6	8	7	1
8	6	1	3	7	2	5	9	4
6	8	4	2	1	5	7	3	9
9	2	5	7	6	3	1	4	8
7	1	3	4	8	9	6	5	2
2	9	7	6	3	8	4	1	5
1	4	8	9	5	7	3	2	6
3	5	6	1	2	4	9	8	7

293

9	6	7	3	4	1	8	5	2
3	1	8	5	7	2	4	6	9
2	5	4	8	6	9	1	7	3
6	3	2	1	8	5	9	4	7
4	7	9	6	2	3	5	8	1
1	8	5	4	9	7	3	2	6
5	9	6	7	3	8	2	1	4
7	2	1	9	5	4	6	3	8
8	4	3	2	1	6	7	9	5

294

5	8	2	7	3	4	1	9	6
6	3	9	1	8	5	7	4	2
7	4	1	9	2	6	3	5	8
3	5	8	6	7	9	4	2	1
2	6	7	4	1	8	9	3	5
9	1	4	3	5	2	8	6	7
8	7	6	5	9	3	2	1	4
4	2	3	8	6	1	5	7	9
1	9	5	2	4	7	6	8	3

295

1	2	3	9	6	4	5	8	7
8	7	4	2	1	5	3	9	6
6	5	9	7	8	3	4	2	1
4	1	8	3	2	6	9	7	5
5	9	2	1	4	7	6	3	8
3	6	7	5	9	8	2	1	4
9	8	5	4	3	1	7	6	2
2	4	6	8	7	9	1	5	3
7	3	1	6	5	2	8	4	9

296

5	4	7	2	3	8	6	1	9
2	9	3	4	6	1	7	5	8
8	1	6	9	5	7	3	4	2
9	3	1	8	4	5	2	6	7
4	2	5	7	9	6	1	8	3
6	7	8	3	1	2	4	9	5
7	5	9	1	2	4	8	3	6
3	8	4	6	7	9	5	2	1
1	6	2	5	8	3	9	7	4

297

1	3	7	8	2	6	9	5	4
6	4	2	5	1	9	8	3	7
9	8	5	3	7	4	6	1	2
4	1	9	2	3	7	5	8	6
2	7	3	6	8	5	1	4	9
5	6	8	9	4	1	7	2	3
7	9	4	1	5	3	2	6	8
3	2	1	7	6	8	4	9	5
8	5	6	4	9	2	3	7	1

298

1	8	4	6	9	7	2	5	3
7	3	2	5	4	8	1	6	9
5	9	6	2	1	3	8	4	7
3	1	5	7	2	4	6	9	8
4	7	8	9	5	6	3	1	2
2	6	9	8	3	1	4	7	5
9	2	1	4	8	5	7	3	6
6	5	3	1	7	2	9	8	4
8	4	7	3	6	9	5	2	1

299

6	5	8	3	4	1	2	9	7
1	7	9	8	6	2	4	5	3
2	4	3	9	5	7	1	6	8
5	3	4	2	1	8	9	7	6
8	6	1	5	7	9	3	2	4
9	2	7	4	3	6	5	8	1
3	9	5	7	8	4	6	1	2
4	8	6	1	2	5	7	3	9
7	1	2	6	9	3	8	4	5

300

6	5	8	2	3	9	4	7	1
7	9	1	5	4	8	3	6	2
2	3	4	6	1	7	5	9	8
8	1	3	9	7	6	2	5	4
9	6	2	4	5	3	1	8	7
5	4	7	8	2	1	6	3	9
4	7	9	1	6	5	8	2	3
1	8	5	3	9	2	7	4	6
3	2	6	7	8	4	9	1	5